Merhabalar. Kimya sektörünün kasım ayındaki ihracatı değer bazında yüzde 12,53 oranında bir azalma yaşadı ve 1 milyar 307 milyon dolar düzeyinde gerçekleşti. Ocak–kasım döneminde ise 14 milyar 196 milyon dolar oldu. Ancak değer bazındaki düşüşe rağmen, miktar bazında yapılan ihracat geçen yılın aynı dönemiyle kıyaslandığında yüzde 12,4 artarak 15,6 milyon tona ulaştı. Sektörümüz kasım ayında en fazla ihracatı Irak, İspanya ve Almanya'ya gerçekleştirdi. Birleşik Arap Emirlikleri, Mısır, İngiltere, İtalya, Yunanistan, Fransa ve İran kimya ihracatında ilk 10'da yer alan diğer ülkeler oldu. Ortadoğu coğrafyasında yaşanan olumsuzluklara rağmen sektör olarak yine önemli bir ivme kazandığımızı söyleyebiliriz. Uzun süredir ihracat sıralamasında ilk 10 içinde yer alan Rusya'ya olan ihracattaki düşüş ise devam ediyor. Kimya ihracatı açısından çok önemli bir pazar olan Rusya'ya ihracat ocak-kasım döneminde yüzde 34 azalarak 378 milyon dolar seviyesinde gerçekleşti. Ancak tüm olumsuzluklara rağmen kimya sektörü, Türkiye'nin ihracatında ilk üç sırada yer almayı başardı. Bu nedenle 2016'nın 2015 rakamlarının üzerine çıkabileceğimiz daha iyi bir yıl olacağına olan inancımızı kaybetmedik. Çünkü sektör olarak hiçbir zaman elimizdeki pazarlarla yetinmedik ve sürekli alternatifler oluşturma yoluna gittik.

Sektördeki mesleki eğitim çıtasını sürekli geliştirmek amacıyla ihtiyaç duyduğumuz nitelikli işgücünün yetiştirilmesine katkı sağlamak için Chemical Movetech projesini başlattık. Bu kapsamda birlik olarak Avrupa Birliği'nin Hayat Boyu Öğrenme Hibe Programı'ndan destek eğitimli genç nüfusu sektörümüze kazandırmak amacıyla çalışmalarımıza hız kazandırdık.

Öte yandan kimya ihracatında katma değeri artırmak ve sanayicilere inovatif fikirler sunabilmek amacıyla "Kimyevi Maddeler ve Mamulleri Sektöründe AR-GE Proje Pazarı" yarışmasını bu yıl beşinci kez düzenledik. Elektronik atıklardan nano altın üretimi, yeni nesil kanser ilaçlarının geliştirilmesi, rutenyum tabanlı yeni nesil güneş pili, çamaşır ve bulaşık makinesinde kullanılan ikisi bir arada çevre dostu deterjan ve kalıcı kalp pili bataryasına kadar 30 yaratıcı proje sanayicimizle buluştu. Sadece bununla da yetinmedik ve mutfak sektöründe başlatılan "Endüstriyel Tasarımda Toplam Kalite ve İnovasyon" (ETKİ) projesinin ilk meyvelerini aldık. Bu bağlamda 17 yeni mezun tasarımcı, 17 firmayla eşleşerek ilginç tasarımları gün yüzüne çıkardı.

Dünyada gelişen ambalaj trendlerini daha yakından takip edebilmek amacıyla 22-25 Ekim tarihleri arasında 21'inci kez gerçekleşen Avrasya Ambalaj İstanbul Fuarı 2015'e 91 ülkeden 50 binin üzerinde ziyaretçi ve 36 ülkeden bin 200'den fazla firma katıldı. Kısacası 2015 yılı ihracatçımız açısından bazı sıkıntıları beraberinde getirse de sektör olarak önemli projeleri hayata geçirip, 2016'nın atılım yılı olması için gereken çalışmaları yaptık. Dolayısıyla 2016'nın sektörümüz için daha bir yıl olmasını yürekten istiyor ve herkese başarılar diliyorum...

Murat AKYÜZ
İKMİB Yönetim Kurulu Başkanı

İÇİNDEKİLER Chemist 06

Chemist

YÖNETİM

İmtiyaz Sahibi
İstanbul Kimyevi Maddeler ve Mamuller İhracatçıları
Birliği (İKMİB) adına Coşkun Kırlıoğlu

Yönetim Yeri
Çobançeşme Mevkii Sanayi Cad. Dış Ticaret
Kompleksi 34530 Yenibosna/İstanbul
Tel: (0212) 454 00 00 Faks: (0212) 45400 01

Yayın Kurulu
Coşkun Kırlıoğlu, Hüseyin Ceylan, Necmi Sadıkoğlu

YAYINA HAZIRLIK

DÜNYA
ajansd

Genel Yönetmen
Gürhan Demirbaş

Genel Yönetmen Yardımcısı
Eser Soygüder Yıldız

Görsel Yönetmen
Hakan Kahveci

Editör
Selim Özgen

Grafik Tasarım
Eylem Aksünger

Fotoğraf Editörü
Eren Aktaş

Reklam Rezervasyon:
Mehtap Yıldırım
Tel: 0212 440 28 39

Kurumsal Satış Yöneticisi:
Özlem Adaş
Tel: 0212 440 27 65

İletişim
Tel: 0212 440 27 63 - 0212 440 29 68
e-posta: ajansd@dunya.com
www.ajansdyayincilik.com

Baskı
Matsis Matbaa Hizmetleri
Tevfikbey Mah. Dr. Ali Demir Cad. No: 51 Sefaköy / İSTANBUL
Tel: 0212 624 21 11 - Fax: 0212 624 21 17

Chemist Dergisi İstanbul Kimyevi Maddeler ve Mamuller
İhracatçıları Birliği adına Ajansd tarafından T.C.
yasalarına uygun olarak yayımlanmaktadır. Chemist
Dergisi'nin isim ve yayın hakkı İKMİB'e aittir. Dergide
yayımlanan yazı, fotoğraf ve illüstrasyonların her
hakkı saklıdır. Kaynak gösterilmeden alıntı yapılamaz.
Yazıların sorumluluğu yazarlara, ilanların sorumluluğu
sahiplerine aittir.

18

AMBALAJ SEKTÖRÜ
YILDA YÜZDE 15 BÜYÜYOR

Türkiye'nin dış ticaret açığı vermeyen ender sektörlerinden ambalaj sanayi, 2011'den bu yana yılda ortalama yüzde 15'lik büyüme kaydetti. Ambalaj Sanayicileri Derneği, pazarın dünya ve Türkiye'deki durumunu, boyutlarını karşılaştırmalı olarak ortaya koyan, ithalat ve ihracat rakamlarını analiz eden 'Türkiye Ambalaj Sektörü 2015' başlıklı raporunu yayımladı. Raporda, imalat sanayi yeni üretim tesisleri kazandıkça Türkiye ambalaj sektörünün de yeni

talepleri karşılamak için AB ülkelerinden daha hızlı bir gelişim gösterdiği belirtildi. Yılda ortalama yüzde 3'lük büyüme kaydeden küresel ambalaj endüstrisinin 2016'da 820 milyar dolarlık ciroya ulaşacağı tahminine yer verilen rapora göre, 137 milyar dolarlık sektörle dünyanın en büyük ambalaj tüketicisi olan ABD'yi 80 milyar dolarlık talebiyle Çin izliyor. Sektörde hızla büyüyen Çin'in, ABD'yi 2017'de geçeceği öngörülüyor. Rapordaki Türkiye ile ilgili detaylar çarpıcı… Buna göre 2008-2009 yıllarında dünyada yaşanan finansal krizde yara almayan ambalaj sektörü, 2008'i gerilemeden 2009'u da ufak bir küçülmeyle atlatarak, 2010'dan itibaren hızlı bir toparlanma sürecine girdi, yüzde 18'lik üretim artışıyla yılı kapattı. Sektör 2011'de 6 milyon ton üretim, 12 milyar dolar ciro, 2012'de 6,4 milyon ton üretim, 14 milyar dolar ciro, 2013'te 6,9 milyon ton üretim, 16,2 milyar dolar ciro gerçekleştirerek yükselen bir grafik yakaladı. 2014'te üretim miktarı yüzde 6 artarak 7,3 milyon tona, ciro ise yüzde 5,5 artışla 17 milyar dolara yükseldi. 2011'den bu yana yılda yüzde 15 ve üzerinde büyüme sağlayan sektör, 2014'te ülke ekonomisinin büyüme oranının iki katı civarında büyüme eğilimini korudu. Raporda malzeme gruplarına göre 2014 yılı üretim verileri incelendiğinde; plastik ambalaj yüzde 38'le ilk sırada yer alırken, onu yüzde 27 ile oluklu mukavva, yüzde 15'le cam ambalaj, yüzde 7'yle ahşap ambalaj, yüzde 6'yla karton ambalaj, yüzde 5'le metal ambalaj ve yüzde 2'yle kağıt ambalaj takip etti.

DÜNYANIN EN BÜYÜK İLAÇ ŞİRKETİ OLUŞUYOR

Dünyanın en büyük ilaç şirketlerinden Pfizer, İrlandalı rakibi Allergan Plc ile birleşeceğini duyurdu. 2016'nın ikinci yarısında tamamlanacak birleşme sonrasında, Pfizer'ın Allergan ile birleşecek operasyonları yeni bir isim alacak. Yeni oluşturulacak şirket, Pfizer PLC adını alacak ve NYSE'de PFE koduyla işlem görecek. Pfizer-Allergan birleşmesinde Allergan hisselerinin değeri hisse başına 363,63 dolar, şirketin toplam değeri 160 milyar dolar olarak belirlendi. Allergan ortakları Pfizer ile birleşme sonrası ortaya çıkacak yeni şirketin her bir Allergan hissesi için 11,3 hisse alacaklar. Pfizer, birleşmenin ilk üç yılında 2 milyar doların üzerinde sinerji yaratılacağını tahmin ediyor. Yeni oluşacak Pfizer PLC'nin cirosu 60 milyar dolara yaklaşacak.

SARUHAN KİMYA'YA
AR-GE BİRİNCİLİK ÖDÜLÜ

30 yıldır çeşitli sektörlerde hizmet veren Saruhan Şirketler Grubu'nun bünyesinde bulunan Saruhan Kimya, İstanbul Kimyevi Maddeler ve Mamulleri İhracatçılar Birliği (İKMİB) ve Türkiye İhracatçılar Meclisi (TİM) tarafından düzenlenen 5. AR-GE Proje Pazarı'nda, "Kozmetik, Sabun ve Temizlik Ürünleri" kategorisinde birincilik ödülüne layık görüldü. 200'ün üzerinde AR-GE projesinden beş dalda ödül verilen organizasyonda, Saruhan Kimya "Çamaşır ve Bulaşık Makinesinde Kullanılabilen 2'si 1 Arada Çevre Dostu, Doğal Kaynaklı Deterjan Üretilmesi" projesiyle ödülü almaya hak kazandı. Proje, 5. AR-GE Proje Pazarı'nda birinci olmasının yanı sıra, Aralık 2015'te düzenlenen Türkiye İnovasyon Haftası'nda da sergilendi.

KÜÇÜK MUCİT ARMAĞAN SEVİM, DEDESİNDEN İLHAM ALDI
"İLAÇ SAATİ HATIRLATICISI" İCAT ETTİ

Öğrencilere bilimi sevdirerek onları yaratıcı düşünmeye ve yeni buluşlar yapmaya teşvik etmek üzere Samsung tarafından, Yaratıcı Çocuklar Derneği ve Multi Channel Developers (MCD) işbirliğiyle hayata geçirilen "Geleceğin Mucitleri" bilim yarışmasında birinciliği, icat ettiği "İlaç Saati Hatırlatıcısı" ile İTÜ Geliştirme Vakfı Okulları Özel Beylerbeyi Ortaokulu öğrencisi Armağan Sevim kazandı. Türkiye çapında ortaokul düzeyinde öğrenim gören öğrencilerin çevre, enerji, sağlık ve teknoloji dallarında katıldığı yarışmada, bu yıl 687 başvuru arasında dereceye girenler 23 Kasım 2015'te The St. Regis Otel'de gerçekleştirilen törenle ödüllerini aldı. İlk aşamada belirlenen 10 finalist, Kidz TV'de projelerini anlattıkları videolarla halk oylaması sonuçları ve yarışma jürisinin değerlendirmesine tabi tutuldu. Değerlendirme sonucunda "İlaç Saati Hatırlatıcı" projesiyle İTÜ Geliştirme Vakfı Okulları Özel

Beylerbeyi Ortaokulu'ndan Armağan Sevim birinciliğe layık görüldü. "Fişmatik" projesiyle Özel Doğu Ataşehir Ortaokulu'ndan Tuana Daş ikinci, "Ağrısız Sedye" projesiyle Afyonkarahisar Mehmet Akif Ersoy Ortaokulu'ndan Nur Sena Şanlı üçüncü oldu.

ÇOCUKLAR KİMYAYLA KEŞFETTİ

Amerika'da açıldığı 2009'dan itibaren dünya çapında 150'den fazla noktada binlerce çocuğa ulaşan Engineering For Kids (EFK), çocukları doğuştan mühendis olarak kabul ederek, zihinsel ve bilişsel gelişimlerini bu doğrultuda geliştirmeyi amaçlıyor. EFK'da eğitimler, hafta içi sınıflarının yanı sıra hafta sonu workshoplarıyla da devam etti. 5 ve 12 Aralık 2015'te açılan kimya mühendisliği sınıfıyla çocuklar, yaparak öğrenme ve "neden?" sorusunu deneysel yönden yanıtlayabilme fırsatı buldu. Kimya dersinde çocuklar moleküler bileşim, karışım, bileşik ve sıvı madde kavramlarını tanıdı. Mühendislik tasarım süreçlerini eğlenceli aktiviteler

eşliğinde kullanan çocuklar, kendi maddelerini sentezleyerek materyallerin kimyasal özelliklerini keşfetti. Bilim, teknoloji, mühendislik ve matematik kelimelerinin İngilizce karşılıklarının kısaltılmış hali olan STEM, öğrencileri problem çözmede bilimi, teknolojiyi, mühendisliği ve matematiği uygulamaya teşvik etti. STEM metoduyla öğrenciler temel bilgilerini geliştirirken okul, toplum ve gerçek yaşama ilişkin konu ve sorunlar arasında bağlantı kurabildi. STEM metodunu uygulayan EFK, öğretmen merkezli sınıf yerine problem çözme, keşif ve araştırmayla öğrenme merkezli bir sınıfta çocuklara yaparak öğrenme fırsatı sundu.

E-İMZA REÇETELERDE **SUİSTİMALİ ÖNLEYECEK**

Tüm Eczacı İşverenler Sendikası (TEİS) Genel Başkanı Nurten Saydan, 1 Ocak 2016'dan itibaren SGK ile anlaşmalı sağlık kuruluşlarında görevli hekimler için zorunlu hale getirilen e-imza uygulamasıyla suistimallerin, bu sayede de eczacıların şifreyle girilen reçetelerden kaynaklanan mağduriyetinin önüne geçileceğini bildirdi. Saydan, yaptığı yazılı açıklamada, basında sıkça doktor şifrelerinin çalınarak pahalı ilaçların usulsüz yollarla reçete edilmesi haberleri çıktığını anımsattı. Sosyal Güvenlik Kurumu'nun (SGK) bu tür durumların yaşanmaması için 1 Ocak 2016'dan itibaren zorunlu e-imza uygulamasının hayata geçeceğini aktaran Saydan, doktorların halen sadece şifreyle sisteme giriş yapılabildiğini, bunları ele geçirenlerin de kolaylıkla sahte reçete

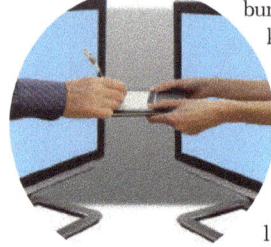

oluşturabildiğini belirtti. Aile hekimlerinin yüzde 40'ının e-imzaya geçtiğine, devlet, üniversite ve özel hastanelerde ise henüz bunun kullanılmadığına dikkati çeken Saydan şunları kaydetti: "1 Ocak'ta SGK ile anlaşmalı tüm sağlık kuruluşlarının zorunlu olarak e-imza sistemine geçmesi suistimallerin önüne geçecek. Elektronik imzaya geçişle e-imza cihazının klavyeden girilen basit şifrelere göre çalınma ve ele geçirilme riski düşecek ve cihazın koruma hassasiyetinin artmasıyla sorunlar azalacak." SGK'nın 1 Ocak 2016 tarihinden itibaren e-imza ile e-reçete yazılmasını zorunlu hale getirmesinin olumlu olduğunu belirten Saydan, sonrasında akıllı sağlık kartı uygulamasına geçilmesi gerektiğini savundu.

DOĞAL KAUÇUK ÜRETİMİNDE YENİ YÖNTEM **'AYÇİÇEĞİ'**

Edison Agrosciences Inc şirketi doğal kauçuk üretimini çeşitlendirmek amacıyla ayçiçeğinden doğal kauçuk üretimine geçmenin üzerinde çalışıyor. Şirket web sitesinde yaptığı açıklamada, ayçiçeğinin ABD'de çok geniş dönümleri kapsadığını ve elde edilen hasatla kauçuk üretiminde önemli gelişmeler yaşanacağını duyurdu. Buna göre ayçiçeği üretimi beş kat artırılırsa doğal kauçuk için ticari açıdan çok iyi kaynak olması mümkün. Yapılan araştırmalar da özellikle yapraklarda yüzde 18'e yakın oranlarda lateks sentezlenebildiğini gösteriyor. Ayçiçeği hızla büyüyebilen monokültürlerini geliştirmek gerekiyor. Ayçiçeğinden gelen lateks miktarı ve kalitesi henüz ticari kullanım için yeterince iyi olmasa da, genetik mühendisliği yoluyla daha da geliştirmek mümkün. Birden fazla ayçiçeği çeşitleri üzerine araştırmalar devam ediyor. Hızla gelişen dünyada ülkeler hammadde kaynaklarını kendi imkanlarıyla geliştirmeyi deniyor. Özellikle kauçuk endüstrisi bu konuda epey yol almış durumda. Doğal lateks kaynaklarının çok büyük çoğunluğu Asya ülkelerinde olduğundan, Avrupa ülkeleri, özellikle Amerika doğal lateks elde edebileceği farklı kaynaklar aramaya devam ediyor.

KİMYA SEKTÖRÜNÜN **EĞİTİM PLATFORMU** BEŞ DİLDE YAYINDA

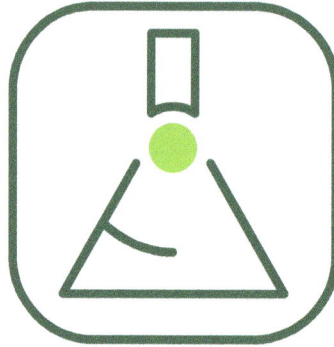

Kimya sektörünün iş gücü niteliğini artırmayı hedefleyen İstanbul Kimyevi Maddeler ve Mamulleri İhracatçıları Birliği (İKMİB), Avrupa Birliği'nin Hayat Boyu Öğrenme Programı Leonardo da Vinci hibe kapsamında hazırladığı Chemical Movetech projesini uygulamaya geçirdi. Chemical Movetech projesi İKMİB'in koordinatörlüğünde, Türk Plastik Sanayicileri Araştırma Geliştirme ve Eğitim Vakfı (PAGEV), İspanya, Polonya ve Litvanya ortaklığında gerçekleştirildi. Kimya sektörünün ihtiyaç duyduğu elektronik eğitim platformu ve eğitim modülleri Türkçe, İngilizce, Lehçe, İspanyolca ve Litvanca olmak üzere beş dilde hazırlandı. Sektör çalışanları için özel olarak geliştirilen modüller ve platform video, animasyon, sınav ve anketlerle desteklenerek interaktif hale getirildi. Chemical Movetech projesindeki eğitim modülleri ilaç, kimyevi ürünler ve plastik olmak üzere üç ana kategoride dört meslek grubu için hazırlandı. Kullanıcıların hammadde, üretim prosesleri, iş sağlığı ve güvenliği, atık ve ambalaj konularına ilişkin bilgilere ulaşabileceği eğitim modülleri, aralık ayından itibaren http://chemicalmovetechportal.eu/ üzerinden sektörün paylaşımına açıldı. Üniversitelerin ve meslek liselerinin ilgili bölümlerinde okuyan öğrenciler, bu eğitim sistemine üye olarak faydalanabilecek. Eğitim modüllerinin sayısı ve içerikleri ise her yıl ihtiyaçlara göre artarak devam edecek.

İKMİB *İstanbul Kimyevi Maddeler ve Mamulleri İhracatçıları Birliği*
İstanbul Chemicals and Chemical Products Exporters' Association

TÜRKİYE GAUCHER EKİBİNE 'EN İYİ UYGULAMA' ÖDÜLÜ

Yaklaşık 100 ülkede nadir görülen hastalıklar için ürün ve hizmet geliştiren Genzyme, her yıl gaucher hastalığı alanında 'En İyi Uygulama' yarışması düzenliyor. MENA, Pakistan, Fransa, Romanya ve Türkiye'nin ilk beşe kaldığı bu yılki yarışmada 'Uzmanlıklar Arası Köprü' projesiyle en fazla oyu alan Türkiye, bu ödüle layık görüldü. Proje sayesinde gaucher gibi ciddi bir hastalığın erken teşhis edilmesiyle ortaya çıkabilecek komplikasyonların ve ölümlerin önüne geçilmesi amaçlanıyor. Bunun sağlık harcamalarında ortaya çıkan ekonomik kaybın azaltılmasına da önemli bir katkısı oluyor. Böylece, 'Uzmanlıklar Arası Köprü' projesi hem ekonomik, hem de sağlık alanlarında ülkeye katkı sağlıyor. Nadir bir hastalık olan ve tedavi edilmediği takdirde ölümle sonuçlanan gaucher hastalığı hakkında farkındalık oluşturulması amacıyla hazırlanan 'Uzmanlıklar Arası Köprü' projesi 2014'te hayata geçirildi. Proje kapsamında hastalığın teşhis edilmesinin hızlandırılması amacıyla farklı branşlardan hekimler bir araya getirildi ve bu hekimler hastalığa ilişkin bilgi alışverişinde bulundu. Gaucher hastalığına ilişkin bu buluşmalar ve vaka paylaşımları sonucunda gaucher hastalarının teşhisinde önemli artışlar meydana geldi.

Gaucher go-şe olarak telaffuz ediliyor. Hastalık bazı organlarda ve kemiklerde yağsı bir madde birikimine neden olan kalıtsal genetik bir özelliğe sahip. Çok çeşitli şikâyetlere neden olabilen gaucher, dünya çapında 30 bin kişiyi etkiliyor.

KÜRESEL KARBON EMİSYONU 2014 YILINDA DURDU

Sera gazı çıkışı 25 Kasım'da açıklanan rakamlara göre, önemli küresel ekonomik büyümeye rağmen, 2014 yılında sadece yüzde 0,5 oranında arttı. Karbon emisyonları 21. yüzyılın ilk 10 yılında yüzde 3-4 artış gösterdi, ancak bu artış Hollanda Çevre Değerlendirme Ajansı (PBL) ve Avrupa Komisyonu'nun Ortak Araştırma Merkezi raporuna göre, son üç yılda önemli ölçüde yavaşladı. Grupların analizi büyük ölçüde Uluslararası Enerji Ajansı tarafından mart ayında yayınlanan benzer bir raporu doğruluyor. PBL'den kıdemli araştırmacı Jos Olivier "İyi haber 2012 yılından önce gördüğümüz yüksek büyüme oranları gerçekten bitti" diyor. Burada en büyük etkenin

Çin olduğu da belirtiliyor. Yavaş ekonomik büyüme, daha temiz enerji kaynakları ve yoğun üretim için daha az enerji yönünde bir kaymayla birleştiğinde böyle bir etki ortaya çıktı. Araştırmacılar şimdiye kadar Çin'de yapılmış ölçümler için hata yapılmış olabileceğini söylüyor. Avrupa Birliği'nin emisyon oranları elektrik sektöründe fosil yakıtlarından azaltılmış tüketim ve nispeten sıcak kış nedeniyle, 2014 yılında yüzde 5,4 azaldı. ABD emisyonları ise soğuk kış mevsimi için doğalgaz kullanımının ilişkili artışlarla yüzde 0,9 oranında gerçekleşti. Hindistan'da karbon emisyonları 2014 yılında yüzde 7,8 artış kaydetti.

POLİÜRETAN VE KOMPOZİT SANAYİ İSTANBUL'DA BULUŞTU

Poliüretan ve kompozit sanayinin Avrasya'daki en büyük buluşması İstanbul'da gerçekleşti. 12-14 Kasım 2015 tarihleri arasında İstanbul Fuar Merkezi'nde gerçekleşen Putech Eurasia ve Eurasian Composites Show Fuarı sektör profesyonellerini ağırladı. Uluslararası arenada dünyanın sayılı fuarları arasında gösterilen Putech Eurasia, Uluslararası Poliüretan Sanayi Fuarı ile aynı tarihte düzenlenen Eurasian Composites Show, Kompozit Sanayi Fuarı yurt içi ve yurt dışından binlerce profesyoneli bir araya getirdi. Avrasya'nın lider poliüretan ve kompozit platformu bünyesinde gerçekleşen 4. Uluslararası Poliüretan Sanayi Fuarı Putech Eurasia 2015'te, poliüretan kimyasallar, poliüretan makine ekipman, poliüretan sistem evi, poliüretan kaplama ve yapıştırıcılar, poliüretan kalıp ve sistemler, poliüretan uygulamaları RIM-ıntegral poliüretan sistem ürünleri sergilendi. Eş zamanlı olarak organize edilen 2. Kompozit Sanayi ve Teknolojileri Fuarı Eurasian Composites Show 2015 ise kompozit kimyasallar, ara ürünler, makine ekipman ve son sistemler yerli ve yabancı sektör profesyonellerine tanıtıldı. Putech Eurasia ve Eurasian Composites Show Fuarı'na 20 ülkeden 155 doğrudan katılımcı, 31 ülkeden 295 firma ve firma temsilciliği katıldı. Fuarı, üç gün boyunca yerli ve yabancı 5 bin 318 sektör profesyoneli ziyaret etti.

TÜRKİYE'NİN BPR KAPSAMINDAKİ DURUMU DEĞERLENDİRİLDİ

Avrupa Kimyasallar Ajansı Direktörü Geert Dancet ile Avrupa Kimyasallar Ajansı Biyosidal Ürünler Komitesi Başkanı Erik Van de Plassche ve İtalyan Halk Sağlığı Enstitüsü temsilcisi Maristella Rubbiani'nin de bulunduğu 2. Ulusal Biyosidal Kongresi'nde biyosidal ürünler tüzüğü, Avrupa Kimyasallar Ajansı ve Türkiye ilişkileri, biyosidal ürünler tüzüğünün 95. maddesi, Avrupa Komisyonu ve Avrupa Kimyasallar Ajansı ilişkisi gibi konularda değerlendirme yapıldı. Türkiye'nin biyosidal ürünler tüzüğü kapsamında durumunun konu hakkındaki isteğine bağlı olduğu, Türkiye'nin de tıpkı Norveç, Lischteinstein ve İzlanda gibi üye olmadan yapabileceği katkıları bulunduğu bildirildi. Bahse konu ülkelerin de oy kullanamadığı, ancak karar sürecine ve tüzükle ilgili diğer eklemelere bilimsel katkı sağladıkları aktarıldı. Örneğin, İsviçre'nin aslında 95. madde listesinde hiç üreticisi olmamasına karşın ajansa destek sağladığı, çok sayıda uzman bulundurduğu bildirildi. Türkiye'nin ajansın etkinliklerinde bulunma hakkı olduğu, ancak Türkiye'deki otoritelerin ve yöneticilerin de gerekli çalışmaları yapması ve istekli olması gerektiği ifade edildi.

ULUSLARARASI KATILIMLI
2. ULUSAL BİYOSİDAL KONGRESİ
09-13 KASIM 2015, SHERATON HOTEL ÇEŞME
www.biyosidal2015.org

ULUSLARARASI KATILIMLI
2. ULUSAL BİYOSİDAL KONGRESİ'NE YOĞUN İLGİ

Sağlık Bakanlığı Türkiye Halk Sağlığı Kurumu Çevre Sağlığı Daire Başkanlığı tarafından Çukurova Üniversitesi ve Ege Üniversitesi işbirliğinde 9–13 Kasım 2015 tarihleri arasında düzenlenen uluslararası katılımlı 2. Ulusal Biyosidal Kongresi çok yoğun bir katılımla tamamlandı. Kongrede sonuç özetinde öncelikle Türkiye Halk Sağlığı Kurumu tarafından Biyosidal Ürünler Regülasyonu'nun uyumlaştırılmasına yönelik atılan adımların çevre ve halk sağlığı açısından önemli olduğu, ancak uyumlaştırmanın Türk sanayicisine getirebileceği olası olumsuzlukların iyi değerlendirilmesi ve giderilmeye yönelik çalışılmaların yapılması yer aldı. Diğer taraftan biyosidal ürün laboratuvarlarının akreditasyonu çalışmalarının hızlandırılması gerektiği, işlenmiş eşyalara ilişkin ulusal mevzuatın bir an önce yayınlanması ve biyosidal ürün üretim yerleriyle alakalı problemlerin giderilmesi öncelikli alanlar olarak belirlendi.

İŞLENMİŞ EŞYALAR
HÂLÂ TARTIŞMA KONUSU

Uluslararası katılımlı 2. Ulusal Biyosidal Kongresi'nde tartışılan konuların başında işlenmiş eşyalar geldi. İşlenmiş eşya tanımının günümüzde halen üreticiler ve uygulayıcılar tarafından net olarak algılanamayarak dahili ve harici etki kavramları oturtulamadığından özellikle işlenmiş eşyalarda biyosidal ürün yönetmeliğine uygunluk konusunda belirsizlik yaşandığı aktarıldı. Bu ürünlerin doğru şekilde etiketlenmesi de önem arz ettiği, ürünün etiket bilgisindeki iddiaya göre primer biyosidal etkin ürün grubuna giriyor ya da dâhili etki amacıyla kullanıldığından biyosidal özellik taşıyor. Kongrenin sonuç bildirgesinde ayrıca Türkiye'de işlenmiş eşyalara ilişkin ulusal mevzuatının bir an önce yayınlanması ve Türk sanayicisinin uluslararası piyasalarda önünün açılması gerektiği vurgulandı.

DÜNYAYI KİMYACILAR KURTARACAK

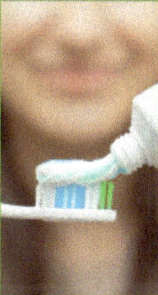

Kozmetik endüstrisi yüz temizleme jelleri, duş jelleri ve diş macunlarında kullanılan minik plastik boncukları okyanus yaşamı korumak amacıyla aşamalı olarak 2020 yılına kadar ortadan kaldırma sözü verdi. 4 binden fazla Avrupa kozmetik üreticisi kişisel bakım ürünlerinden kozmetik mikroboncukları kaldırmak için bir öneri yayınladı.

Gezegendeki hemen hemen her yaşamda bulunan plastik minik parçalar için çevreci gruplar yasaklanmanın sürekliliği için kampanyalar düzenleniyordu. Genellikle balinalar ve deniz kuşlarında çok sayıda biriken, mikroboncukların gıda zincirinin içine girebildiğini vurgulayan bilim insanları, bunların yerine doğal ürünler ve meyve tohumları gibi ürünlerin kullanılmasını öneriyorlar. Avrupa Kozmetik Üreticileri Başkanı Loic Armand, "Buna karar verirken tüm kamu endişelerini, sanayicilerin yaklaşımlarını göz önüne aldık, bilim odaklı önerilerde bulunduk ve sonuna kadar kararlıyız" dedi. Son yapılan çalışmalarda plastik parçaların artık dünya plajlarındaki kumun önemli bir bölümünü oluşturduğunu ortaya koydu. Hatta deniz tabanlarında da birçok etkiye rastlandı. Tüm bunların doğrultusunda kişisel hijyen ürünlerindeki plastik mikroboncukların yasaklaması için harekete geçen ABD dokuzuncu devlet oldu. Temmuz ayında Kanada da yasağı düşündüğünü duyurmuştu.

EN YARATICI 13 AR-GE PR(

Kimya ihracatında katma değeri artırmak ve sanayicilere inovatif fikirler sunabilmek amacıyla düzenlenen "Kimyevi Maddeler ve Mamulleri Sektöründe AR-GE Proje Pazarı" beşinci kez gerçekleştirildi. Elektronik atıklardan nano altın üretimi, yeni nesil kanser ilaçlarının geliştirilmesinden rutenyum tabanlı yeni nesil güneş pili, çamaşır ve bulaşık makinesinde kullanılan ikisi bir arada çevre dostu deterjan ve kalıcı kalp pili bataryasına kadar 30 yaratıcı proje yarıştı.

Türkiye İhracatçılar Meclisi'nin (TİM) koordinatörlüğünde İstanbul Kimyevi Maddeler ve Mamulleri İhracatçıları Birliği (İKMİB), Akdeniz Kimyevi Maddeler ve Mamulleri İhracatçıları Birliği (AKMİB) ortaklığı ve TÜBİTAK desteğiyle gerçekleştirilen "5. Kimyevi Maddeler ve Mamulleri Sektöründe AR-GE Proje Pazarı" yarışması İstanbul Dış Ticaret Kompleksi'nde düzenlendi. Beşincisi hayata geçirilen ve kimya sektörünün en büyük inovasyon etkinliği olan AR-GE Proje Pazarı yarışması üniversiteler, araştırma kurumları, sanayiciler, girişimciler ve ilgili kamu kurumlarını bir araya getirdi. İlaç, eczacılık ürünleri, boyalar, yapıştırıcılar, plastik, kauçuk, kozmetik, sabun ve temizlik ürünleriyle temel kimyasallar alanlarında başvurarak değerlendirmeye uygun görülen 140 proje akademisyen ve sanayicilerden oluşan değerlendirme kurulu tarafından online ortamda değerlendirildi. İlk 30'a giren proje sahipleri, ödül kurulu toplantısında projelerini jüri üyelerine detaylı olarak anlattıkları bir sunum yaptı. Değerlendirme sonucunda kategoriler bazında en başarılı projeler 15 bin, ikinciler 10 bin, üçüncüler ise 5 bin TL ile ödüllendirildi.

Projeler umut verici

Kimya AR-GE Proje Pazarı Ödül Töreni'nde konuşan İKMİB Yönetim Kurulu Başkanı Murat Akyüz, "Kimya sektörü katma değer potansiyeli yüksek plastik, kozmetik, ilaç ve eczacılık, boya gibi önemli alt sektörlere sahip. Kimya sektörü Türkiye ihracatının ilk üçünde yer almasına rağmen biz bu rakamların çok daha yukarıya çıkabileceğine inanıyoruz. Bunun için de her fırsatta katma değeri artırıcı

JESİNE 140 BİN TL ÖDÜL

5. KİMYA AR-GE PROJE PAZARI'NDA ÖDÜL KAZANAN PROJELER

Birinci
Proje adı: Platin Metalinin Saflaştırılarak İlaç Sektörüne Kazandırılması
Sahibi: Cem Özer Mert Zerin

İkinci
Proje adı: Endüstriyel ve Moleküler Kullanıma Yönelik Pankreatik Tripsin ve Kimotripsin Enzimlerinin Üretimi
Sahibi: Dursun Kısa

Üçüncü
Proje adı: Doku mühendisliği için İpek Proteinine Dayalı Yara Yanık Malzemesinin Üretimi
Sahibi: Kemal Kesenci

Plastik ve kauçuk:

Birinci
Proje adı: Atık Plastiklerin Tek Seferde Yoğunluklarına Göre Kademeli Ayrıştırılması
Sahibi: Saim Bayrak Oğuzcan Ünver

İkinci
Proje adı: Citycar: L7 Sınıfı Taşıt İmalatı
Sahibi: Bahram Dovletov

Temel kimyasallar:

Birinci
Proje adı: Su Hazırlama ve Atık Su Arıtımında Kullanılan Poliakrilamid Sentezi
Sahibi: Emrah Vaydoğan

İkinci
Proje adı: Kalıcı Kalp Pili Bataryası Prototipi Geliştirilmesi
Sahibi: Hamide Aydın

Üçüncü
Proje adı: Rutenyum Tabanlı Yeni Nesil Güneş Pillerin Üretimi
Sahibi: Nilgün Kayacı

Boyalar ve yapıştırıcılar:

Birinci
Proje adı: Nanoteknolojik Yüzey Koruma Kimyasalı
Sahibi: Emre Akar

İkinci
Proje adı: Beton Güçlendirici Donatı Telleri İçin Yerli, Uygun Fiyatlı, Doğada Çözünebilen Su Bazlı Yapıştırıcı Üretimi
Sahibi: Nilgün Kalaycıoğlu Özpozan

Üçüncü
Proje adı: Metalik Malzemelerin Boyanması İçin Yeni Nesil Manyetostatik Boyaların Geliştirilmesi
Sahibi: İmren Özcan

Kozmetik, sabun ve temizlik ürünleri:

Birinci
Proje adı: Çamaşır ve bulaşık makinesinde kullanılabilen 'İkisi 1 Arada Çevre Dostu, Doğal Kaynaklı Deterjan'
Sahibi: Derya Akgün

İkinci
Proje adı: Yanıklar, yara izleri, böcek sokmaları durumlarında çözümünüz: Acil Durum Spreyi
Sahibi: Alim Ozan Evliyaoğlu

AR-GE ve inovasyon çalışmalarını destekliyoruz. Amacımız ihracatımızın kilogram başına değerini gelecek yıllarda en az 2,5 dolar seviyesine getirebilmek. Kimya AR-GE Proje Pazarı bu anlamda bizi geleceğe dair umutlandıran bir proje. İlk yola çıktığımız günden bugüne tanık olduğumuz yaratıcı fikirler ve proje sahiplerimizdeki girişimci ruh da bizlere cesaret veriyor" dedi. Akyüz, yapılan çalışmaların yavaş yavaş meyvelerini vermeye başladığını belirterek, "2013 yılında gerçekleştirdiğimiz AR-GE Proje Pazarı etkinliğimizde ticarileşen cilt lekelerini gideren portakal özlü krem bu yıl Dubai Beautyworld Fuarı'nda ilk kez tanıtıldı. Temennimiz bu projelerin diğer sektörlere de yayılması ve sayılarının artması" diye konuştu.

"PROJELER ÜRETİME KAZANDIRILABİLECEK NİTELİKTE"

AR-GE Proje Pazarı Yürütme Kurulu Başkanı Necmi Sadıkoğlu, "AR-GE Proje Pazarı'nda bu yıl tüm sektörlerde iyi hazırlanmış, kendi alanlarında bir ilk olan çok başarılı projeler yarıştı. Zorlu bir değerlendirme sürecinin ardından 30 proje finale kalmayı başardı. Bu projelerin her biri ödül alsın ya da almasın sanayicilerimiz tarafından üretime kazandırılabilecek nitelikte değerli projeler. Artık bu noktada biz sanayicilerimizin ilgisini bekliyoruz. Ayrıca dereceye giren projelerimiz yıl boyunca sektörel fuarlarda sergilenerek, sanayiciyle buluşacak" dedi.

PAGEV VE PLASTICSEUROPE İSTANBUL PLASTİK ZİRVESİ DEKLARASYONU'NU İMZALADI

Türk plastik sektörü, Türkiye'den önce Avrupa Birliği'nin daimi üyesi oldu. PlasticsEurope çatısı altındaki Avrupalı plastik derneklerinin başkan ve üst düzey yöneticileri PAGEV başkanlığında düzenlenen İstanbul Plastik Zirvesi'nde bir araya geldi. Zirvede, Türkiye ve Avrupa plastik endüstrisinin sorunlarının değerlendirildiği ve ileriye dönük stratejilerin belirlendiği tarihi bir deklarasyona da imza atıldı.

imzaladığı İstanbul Plastik Deklarasyonu plastik dünyasının geleceğine yön verecek.

Plastik atıkların gömülmesi yasaklanacak

Türk ve Avrupalı plastikçileri yakından ilgilendiren İstanbul Plastik Deklarasyonu'nda Türkiye ve Avrupa plastik endüstrisinin karşılaşacağı temel sorunlar: Büyümenin hızlandırılması, işsizlik, büyüme ihtiyacı, yüksek enerji ve hammadde maliyetleri, nitelikli işgücü eksikliği, gelecek dönemlere yönelik yatırım ihtiyacı, uyumlaştırılmış ve tamamlayıcı bir kanun ağının bulunmayışı ve sektörün "Plastik Atıkların Gömülmesinin Yasaklanması" politikasının daha iyi uygulanması olarak belirlendi. Almanya'da 2001 yılında plastik atıkların yüzde 59'u geri kazanılırken, yüzde 41'i gömülüyordu. 2005 yılında Almanya'da plastik atıkların katı atık toplama alanlarına gömülmesi yasaklandı. 2011 yılına gelindiğinde gömülen plastik atık miktarı yüzde 1'e gerilerken, geri kazanım yüzde 99'a ulaştı. Bu örnekten yola çıkan zirve temsilcileri, tüm AB ülkeleri ve Türkiye için 2025 yılında plastik atıkların gömülmesinin yasaklanması yönünde çalışmalar yapılması konusunda karar aldı.

Denizleri de kirletiyor

Deklarasyonda belirlenen sorunların çözümü için öncelikle enerji ve hammadde fiyatlarının daha rekabetçi bir hale getirilmesi ve yeni enerji kaynaklarına odaklanılması gerektiğinin altı çizildi. Tek pazar, tek yönetmelik yaklaşımı içerisinde kimyasal madde yönetmeliğinin uyumlaştırılması, AB'ye ve Türkiye'ye giren ürünlerin daha iyi denetlenmesi, yeniden sanayileşme ve döngüsel ekonomi girişimleriyle ilişkili politikalara plastik sektörünün de dâhil edilmesi, Türkiye ve AB Komisyonu'nda plastik sektörünün rekabetçiliğini iyileştirmeye yönelik teşvik politikaların oluşturulması da diğer önemli stratejiler arasında belirtildi. Geri dönüşüm teşviki, atık yönetimi kontrolü, plastik ürünlerin değeri üzerine toplumsal farkındalık kampanyaları ve gençlerin plastik sektörüne dâhil olabilmesi için eğitim çalışmalarına ağırlık verilmesi deklarasyondaki maddeler arasında yer aldı. Yine denizlerdeki plastik çöplerin oluşmasını engelleyecek çalışmalara da sektörün öncü olmasına karar verildi. Günümüzde her sene 10 milyon ton plastik atık dünya denizlerine karışıyor. Bu plastik atıkların yüzde 80'i karasal kaynaklı oluyor. Bu durumun oluşmasındaki en önemli neden ise kötü katı atık yönetimi. Atıklar, özellikle denize kıyısı olan ülke ve şehirlerde korunaksız, yetersiz katı atık toplama alanlarından denizlere ulaşıyor. Plastik sektörü öncelikle sorunun ana kaynağı olan katı atak yönetimi konusunda AB ve Türkiye'de Çevre Bakanlığı'yla ortak çalışmalarla bu sorunun çözümüne katkı sağlayacak ve eşzamanlı denizlerde halihazırda yüzen atıkların temizlenmesi için yüzey temizliği çalışmalarını artıracak. AB'deki binlerce firmayı temsil eden dernek yöneticilerine, Türkiye ekonomisi ve ortak yatırım imkânları da Başbakanlık Yatırım Destek ve Kalkınma Ajansı Baş Direktörü Necmettin Kaymaz tarafından anlatıldı. Ayrıca zirveye katılan heyet,

Üretim kapasitesiyle Avrupa ikinciliğine ve dünya yedinciliğine sahip olan Türk plastik sektörü, Avrupa Birliği'ndeki etkinliğini giderek artırıyor. Sektörün çatı kuruluşu Türk Plastik Sanayicileri Araştırma, Geliştirme ve Eğitim Vakfı (PAGEV), etkin üyesi olduğu Avrupalı sivil toplum örgütleriyle Avrupa Birliği'nin karar süreçlerine yön veriyor. Avrupa'nın en büyük plastik firmalarını bünyesinde barındıran PlasticsEurope'a üye Avrupalı Plastik Dernekleri'nin başkan ve üst düzey yöneticileri PAGEV ev sahipliğinde TÜYAP Palas Hotel'de düzenlenen İstanbul Plastik Zirvesi'nde bir araya geldi. Zirvede, haftalardır devam eden müzakereler sonucunda Avrupa ve Türkiye'de plastik sektörünün sorunlarının değerlendirildiği ve çözümü için yeni stratejilerin belirlendiği ortak bir deklarasyona imza atıldı. PAGEV Yönetim Kurulu Başkanı Yavuz Eroğlu ve PlasticsEurope İcra Başkanı Karl Foester'ın

PAGEV ve TÜYAP işbirliğinde her sene düzenlenen dünyanın ikinci en büyük, Avrasya'nın en büyük fuarı PlastEurasia 25. Uluslararası İstanbul Plastik Endüstrisi Fuarı'nın açılışını gerçekleştirdi.

"Avrupa ve Türkiye plastik endüstrisine yön verecek"

İstanbul Plastik Zirvesi'nin başkanlığını üstlenen PAGEV Yönetim Kurulu Başkanı Yavuz Eroğlu, "Türk plastik sektörü olarak bugün üretim kapasitemizle Avrupa'da Almanya'dan sonra ikinci, dünyada ise yedinci sırada yer alıyoruz. Avrupa Birliği'nin üyesi bir ülke olmayabiliriz, ancak Avrupa Birliği'nde çıkarılan yasa ve yönetmelikler, hem AB'ye mal ihraç ettiğimiz, hem de Türkiye'nin AB ile yürüttüğü uyum süreci sebebiyle bizleri etkiliyor. Türkiye'deki kanun ve yönetmeliklere sektör olarak katkı vermek yanında AB'deki sürece de dâhil olmak bu sebeple sektörümüz için elzem haline geldi. Vakfımız AB'deki plastikçilerin çatı örgütüne üye olduğunda sektörümüz Avrupa'da yedinci sıradaydı, şu an ikinci sırada ve liderliği zorluyor. Bu konum Türk plastik sektörünün başarılı ilerleyişinin ve gelişiminin bir kanıtı. Ancak Avrupa'nın yalnızca plastik konusundaki üretim üssü değil, aynı zamanda karar merkezinin de İstanbul olmasını istiyor ve bu doğrultudaki çalışmalarımıza hızla devam ediyoruz. Düzenlediğimiz İstanbul Plastik Zirvesi ile Türkiye ve Avrupa plastik endüstrileri adına çok önemli bir toplantıya ev sahipliği yapmaktan dolayı mutluyuz. AB plastik endüstrisinin en büyük çatı kuruluşu PlasticsEurope'ya bağlı AB üyesi ülkelerin plastik derneklerinden temsilcileriyle haftalardır süren müzakerelerimiz sonucunda ortak bir deklarasyon hazırladık. Avrupa ve Türkiye plastik endüstrisine yön verecek ve iki pazarın birleşmesiyle oluşan büyüklük itibarıyla global bir güce karşılık gelen İstanbul Plastik Deklarasyonu'nu, plastik dünyasına kazandırmaktan gurur duyuyoruz" diye konuştu.

"Plastik çöpe atılmayacak kadar değerli"

Avrupa plastik endüstrisinin en büyük sivil toplum kuruluşu PlasticsEurope'nın İcra Başkanı Karl Foester ise yaptığı konuşmada Avrupa Birliği'ndeki plastik sektörünü yakından ilgilendiren gelişmeler ve yasal düzenlemeler hakkında bilgi verdi. Foester, Avrupa Komisyonu'nun yeni döngüsel ekonomi paketini açıkladığını belirterek şunları söyledi: "Döngüsel ekonomi paketi temel olarak doğal kaynaklara sahip olmayan Avrupa kıtasının elindeki kaynakları daha iyi kullanması gerektiğine ilişkin fikirleri içeriyor. Plastik endüstrisi bu konudaki tüm tartışmaları ve yapılan hazırlıkları yakından izliyor. Genel anlamda Avrupa Birliği'nin yayınladığı, bizim de sektör olarak mücadelesini verdiğimiz kesin hedefleri ortaya koyan yeni döngüsel ekonomi paketinden memnun olduğumuzu söyleyebiliriz. Bizim için daha önceki yasal düzenlemelere göre, daha gerçekçi bir yaklaşıma sahip. İstanbul Plastik Zirvesi ortak deklarasyonunda da yer aldığı gibi plastik çöpe atılmayacak kadar değerli. Avrupa Birliği'nin gelecek yıllardaki ilerlemesi de bu yönde olacak. PAGEV'in temsil ettiği Türk plastik sektörüyle ortak sorunlarımız için Avrupa Parlamentosu'nda birlikte çalışıyoruz. Türkiye plastik sektörü, AB plastik sektörünün çok önemli bir parçası ve bu deklarasyonla birlikte çalışmamızı yeni bir boyuta taşıyoruz."

"Zirve Türkiye ve Avrupa ilişkilerini güçlendirecek"

Zirveye katılan Bilim, Sanayi, Teknoloji Bakanlığı Sanayi Genel Müdürü Prof. Dr. İbrahim Kılıçarslan, inovasyon ve AR-GE'ye vurgu yaptığı konuşmasında, "Plastik Türkiye'nin en önemli sektörlerinden bir tanesi. Üretim kapasitesi bakımından Avrupa'da ikinci sırada yer alıyor. Plastik sektöründe nitelikli işgücüne sahibiz. Diğer yandan inovasyon ve AR-GE'de güç kazanmaya ihtiyacımız var. Katma değerli ürünler de bunun bir parçası. İnovasyon yeteneğimizi artırma konusuna özel önem veriyor ve bu alana odaklanıyoruz. Yakın gelecekte plastik sektöründe kurulacak uzmanlık merkezlerinin de destekçisi olacağız. İstanbul Plastik Zirvesi deklarasyonunun Türkiye ve Avrupa arasındaki ilişkileri güçlendireceğine inanıyorum" dedi.

AVRUPA VE TÜRKİYE PLASTİK SEKTÖRLERİNDEN DİKKAT ÇEKEN NOTLAR

▶ Avrupa plastik endüstrisinde 1,45 milyon kişi istihdam ediliyor. Avrupa genelinde 62 bine yakın firma faaliyet gösteriyor. Türkiye'de ise 14 bin plastik firması 250 bin kişiye istihdam sağlıyor.

▶ Plastik endüstrisi Avrupa'da 350 milyar euro ciro yaparken ülkemizde 34 milyar dolarlık bir ciro söz konusu.

▶ Plastik endüstrisinin en büyük özelliği diğer endüstriler için vazgeçilmez bir tedarikçi ve tetikleyici konumda olması. Avrupa'da yapılan bir araştırmada plastik endüstrisindeki 100 euroluk bir GSMH artışı, ülke ekonomisinde 238 euroluk GSMH artışı yaratıyor. Yani plastik endüstrisinin ülke ekonomisine çarpan etkisi tam 2,4 kat.

▶ Aynı araştırmada plastik endüstrisinde yaratılan her bir istihdamın karşılığı genel ülke ekonomisinde üç ek istihdam anlamına geliyor.

Kimya sektörünün eğitim platformu beş dilde yayında

Kimya sektörünün işgücü niteliğini artırmayı hedefleyen İstanbul Kimyevi Maddeler ve Mamulleri İhracatçıları Birliği (İKMİB), Avrupa Birliği'nin Hayat Boyu Öğrenme Programı kapsamında hazırladığı Chemical Movetech projesini uygulamaya geçirdi. Altyapı çalışmaları iki yıl önce başlayan proje kapsamında e-öğrenme modülleri geliştirildi.

Chemical Movetech projesi İKMİB'in koordinatörlüğünde, Türk Plastik Sanayicileri Araştırma Geliştirme ve Eğitim Vakfı (PAGEV) ve İspanya, Polonya ile Litvanya ortaklığında gerçekleştirildi. Kimya sektörünün ihtiyaç duyduğu elektronik eğitim platformu ve eğitim modülleri Türkçe, İngilizce, Lehçe, İspanyolca ve Litvanca olmak üzere beş dilde hazırlandı. Sektör çalışanları için özel olarak geliştirilen modüller ve platform video, animasyon, sınav ve anketlerle desteklenerek interaktif hale getirildi. Chemical Movetech projesindeki eğitim modülleri; ilaç, kimyevi ürünler (boya ve sabun) ve plastik olmak üzere üç ana kategoride dört meslek grubu için hazırlandı. Kullanıcıların hammadde, üretim prosesleri, iş sağlığı ve güvenliği, atık ve ambalaj konularına ilişkin bilgilere ulaşabileceği eğitim modülleri http://chemicalmovetechportal.eu/ üzerinden sektörün paylaşımına açıldı. Üniversitelerin ve meslek liselerinin ilgili bölümlerinde okuyan öğrenciler bu eğitim sistemine üye olarak faydalanabilecek. Eğitim modüllerinin sayısı ve içerikleri ise her yıl ihtiyaçlara göre artarak devam edecek.

NİTELİKLİ ELEMAN SORUNUNA ÇÖZÜM OLACAK

İKMİB Yönetim Kurulu Başkanı Murat Akyüz, sektörün ihtiyaç duyduğu nitelikli işgücünün yetiştirilmesine katkı sağlamak amacıyla Chemical Movetech projesini başlattıklarını ifade ederek şunları söyledi: "Türkiye ekonomisi büyüyor, genç nüfus artıyor. Genç nüfusun

istihdam sorunu için çözüm önerileri aranırken sanayici ise nitelikli işgücüne ulaşmakta büyük sıkıntılar yaşıyor. İhracat performansıyla Türkiye'nin lider sektörlerinden biri konumuna yükselen kimyada da durum farklı değil. Birlik olarak bizler de Avrupa Birliği'nin Hayat Boyu Öğrenme Hibe Programı'ndan hibe desteği alarak Chemical Movetech projesini hayata geçirdik."

GÜNCEL BİLGİLER BİR TIK ÖTEDE

Murat Akyüz

Kimya sektöründe çalışan ya da çalışmak isteyenlerin kullanılan hammaddelerin özellikleri, üretim teknolojileri, iş sağlığı ve güvenliğiyle atık konularında bilgi ve beceri düzeylerini artırmayı hedeflediklerini ifade eden Başkan Murat Akyüz, "Dünya hızla değişiyor ve teknolojinin olanaklarını kullanarak bu değişime çok daha hızlı adapte olmak mümkün. Hazırladığımız eğitim platformu sayesinde artık güncel bilgilere ulaşmak çok kolaylaşacak. Bu çalışmaların hem işçi, hem işveren, hem de sektörümüz açısından faydalı olacağına inanıyoruz" dedi.

Ekonomik özgürlükler ülkesi
ŞİLİ

Latin Amerika'da kredi notunu 25 yıldır A'da tutmayı başaran tek ülke olan Şili, aynı zamanda bulunduğu coğrafyanın en rekabetçi ülkesi. Değişen tüketim alışkanlıkları doğrultusunda otomobil, kozmetik ve kişisel hijyen ürünlerinin büyüme potansiyeli sergilediği Şili'de Türk ürünlerine yönelik aktif bir tanıtım stratejisi uygulanması halinde ülkeye yönelik ihraç ürünlerinin çeşitlendirilmesi mümkün.

Siyasi istikrar, serbest ticaret, kişi başı gelir, yaşam standardı, basın özgürlüğü, şeffaflık ve rekabetçilik açısından Latin Amerika'nın önde gelen ekonomilerinden olan Şili'nin finans sistemi de oldukça gelişmiş. Şili, Latin Amerika'da kredi notunu 25 yıldır A'da tutmayı başarabilen tek ülke. Ayrıca Şili Latin Amerika'nın en rekabetçi ülkesi olarak öne çıkıyor. Institute for Management Development'ın (IMD) hazırladığı rekabetçi ülkeler listesinde Şili 25'inci sırada yer alıyor. Aynı listede Japonya 26'ncı, Fransa 29'uncu, İtalya 42'nci sırada. Yine Heritage Foundation'un yayınladığı Ekonomik Özgürlük Endeksi'nde Şili yedinci sırada yer alıyor. Şili ithal ikameci ekonomi politikalarını 1970'lerin ortasında, diğer Latin Amerika ülkelerinden yaklaşık 10 yıl önce terk ederek, liberal ekonominin uygulanması noktasında önemli adımlar attı. Bu durum, üretim artışını ve rekabeti beraberinde getirdi. Böylece madencilik ve balıkçılık başta olmak üzere geleneksel ihracat endüstrilerinde büyüme kaydetti. Aynı zamanda selüloz, meyve, somon, ağaç ürünleri, şarapçılık ve metanol gibi yeni sektörlerin dışında hava, deniz taşımacılığı ve turizm gibi hizmet sektörlerinde gelişim gösterdi. İhracat gelirlerinin yüzde 40'ını madencilikten, milli gelirin ise üçte birini bakırdan elde eden Şili'nin en büyük madencilik şirketi olan Codelco, tek başına dünya bakır üretiminin yüzde 10'unu gerçekleştiriyor. İmalat sanayinde 2009 yılında meydana gelen gerilemede sektörün küçük ve orta ölçekli şirketlerden oluşması etkili oldu. Ekonomik faaliyetler özellikle

Kişi başı milli gelir

19 BİN DOLAR

ülkenin orta kısmında yoğunlaşmış. Ülke nüfusunun yüzde 40'ını barındıran Santiago, GSYİH'nin yüzde 47'sini üretiyor. Valparaiso Bölgesi'ndeki nüfus toplam nüfusun yüzde 10'unu oluşturuyor.

19 bin dolar kişi başı gelir

Piyasa ekonomisinin geçerli olduğu Şili'de ihracat gelirleri, milli gelirin dörtte biri oranında. 1990'lı yıllarda gerçekleştirilen ekonomik reformlar sayesinde 1991–1997 yılları arasında reel GSYİH artışı ortalama yüzde 8'e ulaştı, ancak 1998 yılında gerçekleşen finans krizinin etkisiyle artan cari açığın azaltılmasına yönelik olarak uygulanan sıkı para politikası nedeniyle büyüme oranı yüzde 4'te kaldı. 2010 yılında OECD'ye katılmasının ardından, yakın gelecekte G-20 ülkelerine arasına girme yönünde umut vadeden ülkelerden biri olduğu belirtilen Şili, uyguladığı ekonomik ve yaklaşık 19 bin dolar kişi başı gelir bakımından Latin Amerika'nın önde gelen ekonomilerinden.

Ekonomisi bakır fiyatlarına bağlı

İHRACAT GELİRİNİN %40'I MADENCİLİKTEN

Düşük seyreden bakır fiyatları, yabancı yatırımlardaki azalma ve özel tüketim harcamalarındaki kontrollü artış sebebiyle, Şili ekonomisi 2014 yılında yüzde 1,9 oranında büyüdü. İmalat sanayinin küçük ölçekli olması nedeniyle ara malı ve sermaye malı ihtiyacını ithalatla karşılayan Şili, liberal piyasa koşulları hakim olduğu için dünya piyasalarındaki dalgalanmalardan kolayca etkilenen ve en önemli ihraç ürünü olan bakır fiyatlarına bağlı bir ekonomik yapıya sahip. Ülkenin son yıllarda Çin ile yakınlaşması ise, ABD ve Avrupa kaynaklı krizlerin ülke ekonomisine etkisinin sınırlı tutulmasında önemli bir unsur. Nitekim ülkede çıkarılan bakır, Çin gibi hızlı büyüyen ülkelerden büyük talep görüyor ve bakır fiyatlarındaki artış Şili ekonomisine önemli katkı sağlıyor. Madencilikten sonra ülkenin ikinci büyük ihracat sektörü olan tarımdaki büyümeyi ise, artan küresel talep ve sivil toplum kuruluşları sayesinde büyük bir pazara ulaşma imkanı sağlanıyor. Güçlü bir sanayi üretimi olmayan Şili ekonomisini gıda işlemedeki büyümesi oldukça güçlü. Perakende, ulaştırma, taşımacılık ve turizm sektörlerinde gelişmiş bir altyapıya sahip olan ve bölgenin finans merkezi konumundaki Şili'de hizmet sektöründe de büyüme kaydediyor.

Ürün standartlarına önem veriliyor

Şili'nin büyüyen sanayi tabanı ve bölgede giderek artan önemi, teknik mevzuatın uluslararası standartlara uyumunu sağladı. Şili'nin standartlara ilişkin mevzuatı, Dünya Ticaret Örgütü Ticarette Teknik Engeller Komitesi'nin kılavuzlarını izliyor. Ulusal Standartlar Enstitüsü (Instituto Nacional de Normalización, INN, www.inn.cl) yerli üreticilerin ISO 9000 ve ISO 14000 standartlarına uyumunu teşvik eden

AMBALAJ VE ETİKETLEME ŞARTLARA TABİ

Şili'ye ihraç edilen birçok ürün, ortak etiketleme şartlarına tabi. Etiketler İspanyolca düzenlenmeli ve metrik ölçüler kullanılmalı. Tüketim mallarının etiketi üzerinde ürünün menşei belirtilmeli, ambalajlı ürünlerde ürünün kalitesi, saflığı, içerik bilgileri ve net ağırlığı/ölçüleri açık bir şekilde gösterilmeli. Konserve gıda, ayakkabı, gıda ürünleri, elektrikli makineler, likit ya da sıkıştırılmış doğalgaz ekipmanları (LNG ve CNG), plastik, şarap ve diğer alkollü içecekler, tekstil ve hazır giyim, buğday unu, deterjan ve tarımda kullanılan böcek ilaçları gibi ürünler için spesifik düzenlemeler mevcut. Bu şartları sağlamayan ürünler ihraç edilse bile, gerekli işlemlerin nihai tüketiciye satışa sunulmadan önce sağlanması şart koşuluyor.

standardizasyon, akreditasyon ve metroloji alanlarında teknik düzenlemelerin kullanımını denetleyen ve geliştiren bir kurum. Kimya endüstrisi, endüstriyel süreçlerine ISO 9000 standartlarını entegre etmiş sanayi kollarına bir örnek. Şili'de birçok sektörde zorunlu standartlar bulunmamakla birlikte, bu standartlara uyum sağlanması bazı sektörlerde firmalara artı değer katıyor. Endüstriyel güvenlik, inşaat malzemeleri, doğalgaz ve elektrik gibi sektörlerde kullanılmak üzere ithal edilen bazı ürünlerin denetleyici kuruluşun istediği gereklilikleri sağlaması önemli.

Şili'nin 2014 yılı ihracatında ilk sırada Çin yer alıyor

Şili'nin 2014 yılı ihracatının yüzde 23'ü rafine edilmiş bakırdan, yüzde 22'si ise bakır cevherlerinden oluşuyor. Sodalı ve sülfatlı odun hamuru (selüloz), balık filetoları, üzüm şarabı, dondurulmuş balık, taze ve kuru üzüm, altın, demir cevheri ve molibden cevheri ise Şili'nin ihraç ettiği diğer başlıca ürünler. Tarım ve gıda ürünlerinin Şili'nin ihracatındaki payı yüzde 22. Şili'nin 2014 yılı ihracatında yüzde 24,6 payla ilk sırada Çin yer alıyor. ABD yüzde 11,8, Japonya yüzde 10,5, Güney Kore yüzde 6,1 ve Brezilya yüzde 5,4. Türkiye, yüzde 0,5 payla Şili'nin 2014 yılı ihracatında 28'inci sırada yer alıyor. Şili'nin başlıca doğal kaynakları; bakır, iyot, kereste, demir cevheri, nitrat, değerli metaller ve molibden. Ülkenin imalat sanayisi bakır, madencilik, gıda ürünleri, balıkçılık, demir-çelik, ahşap, taşıt araçları, çimento ve tekstilden oluşuyor. Ülke, özellikle turizm açısından önemli doğal güzelliklere sahip. And Dağları sayesinde Şili'nin büyük bir hidroelektrik enerji potansiyeli bulunuyor. Kıyıları boyunca ülkenin zengin balıkçılık kaynakları mevcut ve kuzeydeki kurak araziler maden yataklarına sahip.

Firmaların merkez ofisleri Santiago'da

Şili'de bir bağlı kuruluş ya da şube açmak, pazara girmek isteyen ihracatçılar için önemli. Yurt dışında yasal olarak kurulmuş herhangi bir şirket, Şili'de kendi adı altında yetkilendirilmiş bir şube kurabilir. Özellikle pazara yeni girecek ihracatçılar için başka pratik ve daha çok tercih edilen pazara giriş stratejisi ise alıcılara erişimi iyi olan ve teknik uzmanlığa sahip bir acente ya da temsilci. Küçük ya da orta ölçekli şirketler Şili pazarına genellikle bir acente, distribütör

TÜRKİYE-ŞİLİ DIŞ TİCARET DEĞERLERİ (1.000 DOLAR)				
Yıl	İhracat	İthalat	Denge	Hacim
2000	16.279	92.274	-75.996	108.553
2001	19.92	73.474	-53.554	93.393
2002	19.798	79.27	-59.472	99.068
2003	15.528	160.49	-144.962	176.018
2004	24.529	176.449	-151.921	200.978
2005	24.959	326.177	-301.218	351.136
2006	34.788	441.925	-407.136	476.713
2007	41.843	533.969	-492.126	575.812
2008	150.267	324.11	-173.842	474.377
2009	37.435	200.387	-162.952	237.822
2010	81.222	311.709	-230.488	392.931
2011	130.616	474.341	-343.725	604.957
2012	174.998	465.852	-290.854	640.85
2013	219.338	405.861	-186.523	625.199
2014	198.579	363.304	-164.725	561.883
2014 (7 ay)	121.415	209.725	-88.31	331.139
2015 (7 ay)	97.538	169.192	-71.654	266.73

Kaynak: Ekomomi Bakanlığı

ya da toptancıyla girmeyi tercih ediyor. Şili'de neredeyse tüm firmaların merkez ofisleri Santiago'da. Büyük firmaların Iquique ve Punta Arenas Serbest Ticaret Bölgesi de dahil olmak üzere ülkenin diğer bölgelerinde şubeleri bulunuyor.

Türkiye ticaretinde öncelikli ülkelerden biri olarak belirlendi

Şili, Ekonomi Bakanlığı tarafından 2014-2015 döneminde öncelikli ülkelerinden birisi olarak belirlendi. Türkiye ile Şili, birbirinden çok uzak coğrafyalarda yer almasına rağmen, iki ülke halkı arasında özel bir sempati var. 1923'te kurulan Türkiye Cumhuriyeti'ni ilk tanıyan Latin Amerika ülkesi Şili oldu. Bu davranış Türkiye'de, Şili ulusunun milli bağımsızlığa ve ülkeler arasındaki dostluğa verdiği değerin somut bir ifadesi olarak kabul edildi ve her iki ülke arasında 1926 yılında imzalanan dostluk anlaşmasıyla ikili ilişkilerin sağlam temelleri atıldı. İki ülke arasındaki ticari ilişkiler ise 1970'li yıllarda başladı. Türkiye ile Şili arasındaki ticaret yıllar itibarıyla incelendiğinde, söz konusu ülkeye gerçekleştirilen ihracatın 2009-2013 yılları arasında düzenli olarak arttığı, 2014 yılında ise ihracatımızda yüzde 9,4 düşüş gerçekleştiği görülüyor. Aynı dönemde Şili'den ithalatımız da yüzde 10,5 azaldı. İki ülke

arasındaki ticaret hacmi 2014 yılında yüzde 10,1 gerilerken, ülkemiz aleyhindeki dış ticaret açığı da yüzde 11,7 azaldı. Şili'ye 2014 yılı ihracatımızın yüzde 17,2'sini oluşturan ve ilk sırada yer alan eşya taşımaya mahsus motorlu taşıtları yüzde 14,8 payla demir-çelik çubuklar ve yüzde 4,9 payla demir-çelik profiller izliyor. Traktörler, halı, binek otomobilleri, kara taşıtları aksamı, plastikten monofiller ve demir-çelik kaplar ise ülkeye ihraç edilen diğer başlıca ürün grupları.

Kozmetik ve kişisel hijyen ürünleri potansiyel sektörler arasında

Güçlü rakiplerin varlığına karşın Türkiye'nin Şili'ye ihracatının STA ile birlikte ilerleyen yıllarda daha da artacağı öngörülüyor. Bölgenin en gelişmiş ve liberal ülkelerinden biri olması nedeniyle, Türk ürünlerine yönelik aktif bir tanıtım stratejisi uygulanarak, ülkeye yönelik ihraç ürünlerimizin çeşitlendirilmesi mümkün. Her iki ülke de, coğrafi konumları ve bölgesel ilişkileri nedeniyle kendi pazarları yanında, dahil oldukları bölgesel işbirlikleri kapsamında diğer pazarlara da giriş fırsatı sunuyor. Özellikle madencilik ve savunma sanayi sektörlerinde Şili ile Türkiye arasında işbirliği imkanları mevcut. SOFOFA verilerine göre Şili'de halihazırda geliştirilmekte olan yatırım projelerinin yüzde 33,5'i madencilik, yüzde 16,1'i enerji, yüzde 12,8'i telekom, yüzde 12,7'si hizmetler, yüzde 10,6'sı perakendecilik, yüzde 6,7'si altyapı, yüzde 6,7'si imalat, yüzde 1'i de turizm. Yakın dönemli projelerin ise yüzde 50'sinin enerji, yüzde 27,1'inin madencilik, yüzde 16'sının altyapı, yüzde 4,3'ünün hizmetler yüzde 2,2'sinin imalat sanayine yönelik. Uzun vadeli projelerin ise madencilik yüzde 51,5, enerji yüzde 20,8, altyapı yüzde 19,3, imalat yüzde 5,9, hizmetler yüzde 1,2 ve perakendecilik yüzde 1 olarak yoğunlaşmış durumda. Değişen tüketim kalıpları çerçevesinde Şili'de büyüme potansiyeli olan sektörler; otomobil, kozmetik ve kişisel hijyen ürünleri, spor giyim, ev hayvanları sektörüne yönelik ürünler, geniş bant internet sistemleri, taşınabilir PC ve akıllı cep telefonu pazarı. Ayrıca gerek çevresel duyarlılıklar doğrultusunda yenilenebilir enerjiye duyulan ilgi, gerekse uzun vadede tasarruf nedenleriyle hane halkları ve iş yerleri tarafından güneş enerjisine yönelik talepte de düzenli bir artış var.

%6,9 BÜYÜDÜ 2014'TE EKONOMİSİ

TÜRKİYE'NİN ŞİLİ'YE İHRACATINDA BAŞLICA ÜRÜNLER (1.000 DOLAR)				
GTİP	Ürün adı	2012	2013	2014
8704	Eşya taşımaya mahsus motorlu taşıtlar	4.105	35.964	34.217
7214	Demir veya alaşımsız çelikten çubuklar (dövülmüş, sıcak haddelenmiş, haddeleme işleminden sonra burulmuş olanlar dahil)	39.762	38.022	29.352
7216	Demir veya alaşımsız çelikten profiller	13.49	9.634	9.797
3916	Plastikten monofiller, ince ve kalın çubuklar ve profiller (enine kesitinin en geniş yeri > 1 mm)	3.527	5.709	5.121
3920	Plastikten diğer levha, plaka, şerit, film, folye (gözeneksiz)	308	380	747
7308	Demir veya çelikten inşaat ve inşaat aksamı, inşaatta kullanılmak üzere hazırlanmış demir veya çelikten sac, çubuk	7.639	2.248	4.448
4011	Kauçuktan yeni dış lastikler	1.911	2.672	3.709
2819	Krom oksitleri ve hidroksitleri	4.556	2.598	3.289

Kaynak: Ekomomi Bakanlığı

YALITIM YAPTIR
DÜNYANI KORU

Yalıtım pazarında enerji verimliliği konusunda önemli bir misyon üstlendiklerini belirten Betek Boya Genel Müdürü Tayfun Küçükoğlu,"Betek Boya olarak 2003-2014 yılları arasında 110 bin binaya 83 milyon metrekare ısı yalıtımı yaptık. 3,3 milyon hane bundan yararlandı. Bu sayede 2,36 milyar TL değerinde daha az doğalgaz kullanıldı" dedi.

Betek Boya'nın kurulduğu 1988 yılında itibaren şirket bünyesinde görev yapan Genel Müdür Tayfun Küçükoğlu, firmanın şu anda yüzde 26 Alman ortaklı bir şirket olduğunu belirtiyor. Alman ortaklarının Avrupa'nın en büyük inşaat boyaları ve yalıtım sistemleri firması Caparol olduğuna işaret eden Küçükoğlu, ülkemizde boya sektöründe alınması gereken çok yol olduğu bilgisini verdi. 1992 yılında Türkiye'de silikonlu boyalar, su bazlı boyalar olmadığını ve bu noktada yakalanabilecek değişimlerin önemli gelişmeler kaydedileceğini AR-GE çalışmalarıyla tespit ettiklerini söyleyen Tayfun Küçükoğlu, Betek Boya'nın gelişim süreciyle ilgili şunları söyledi: "1993'te faaliyete başladık ve o gün 2001 yılında sektör lideri olma hedefini koyduk. Bunu da başardığımızı rahatlıkla söyleyebilirim. Türkiye'de bulunmayan ama olması gereken ürünleri köy köy, kasaba kasaba dolaşarak boyacılara anlattık. 1997 yılında da büyük reklam kampanyalarıyla halkımıza daha iyi tanıttık."

"Mısır pazarıyla Kuzey Afrika ve Arap Birliği'ne gireceğiz"

Bu sürecin ardından büyümenin devam ettiğini ve 2001 krizinden bile olumlu etkilendiklerini aktaran Küçükoğlu, "Biz ülkemizin geleceğine her dönem çok inandık. Anadolu dünyaya 5 bin yıldır medeniyet yayıyor, örnek oluyor. Dolayısıyla hiçbir dönemde karamsar olmamıza gerek yok. O günkü krizi de geçici bir kriz olarak değerlendirdik ve hiçbir şey olmamışçasına birçok fabrika kapanırken, insanlar işten çıkarılırken biz hem lider olmak için faaliyetlerimizi artırdık, hem de Gebze'de Avrupa'nın en büyük boya ve yalıtım tesisinin temellerini attık. Tesis, şu anda boya ve mantolama alanında Avrupa'nın en büyük üretim ve teknoloji üssü konumunda. Bizim programımızda ülkemizde doğru işler yapmak var. En önemli konu da ülkemizin geleceğine güvenmek. Bugün de aynı hisler içindeyiz, öyle davranıyoruz. 2001'den sonraki dönemde boya sektöründeki liderliğimiz devam ederken, coğrafyamızda önemli bir güç

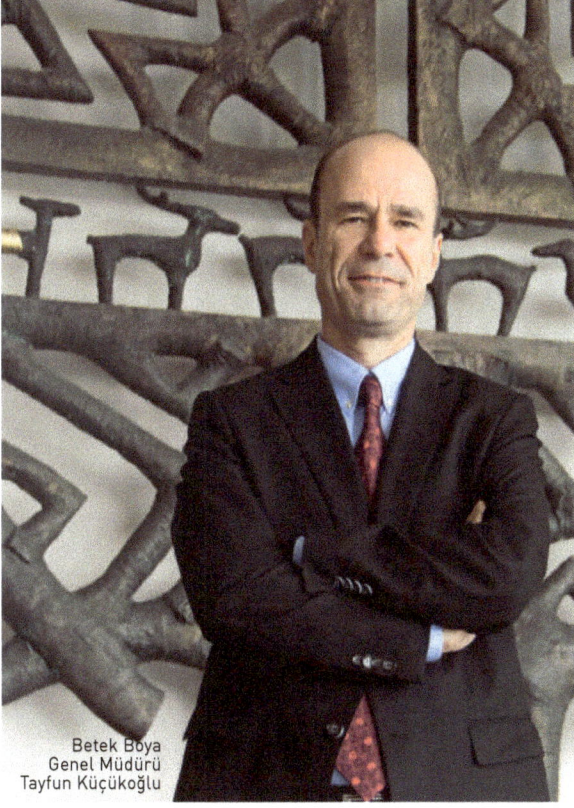

Betek Boya
Genel Müdürü
Tayfun Küçükoğlu

Betek Boya'nın faaliyet konusu boya, mantolama yani yalıtım. Ayrıca endüstriyel boyalar ve mobilya boyalarında da faaliyet gösteriyor. Şu anda Türkiye pazarında hem boyada, hem mantolama alanında lider konumunda.

olma hedefimiz var. Bu amaçla Mısır'da fabrika kurduk. Mısır pazarı bu kargaşa geçtikten sonra önümüzdeki dönemde de iyi olacak. Mısır'daki fabrikamız sayesinde Kuzey Afrika ve Arap Birliği pazarına gümrüksüz gidebilme imkanımız olacak" dedi.

"Yalıtım son 10 yılın en fazla gelişen sektörü"

Boya ve yalıtım sektörünün ekonomiye ciddi katkısının olduğunun altını çizen Tayfun Küçükoğlu'nun da dediği gibi, ekonomiye katkı denildiğinde ön plana çıkan ise yalıtım sektörü. Dolayısıyla yalıtımın sosyal sorumluluk ilkesiyle ele alınması gereken bir sektör olduğu da söylenebilir. "Yalıtımla ilgili dünyada gelişmiş modelleri

Türkiye'ye getirmek mecburiyetindeyiz" diyen Küçükoğlu şunları söyledi: "Yalıtım sektörü geçtiğimiz 10 yılın en fazla gelişen sektörü. Böyle olunca da piyasada ürünler arasındaki mücadele maksadını aşabiliyor. Esas olan ülkemiz menfaati ve dünyadaki bilimsel doğruları ülkemize adapte edebilmek. Kyoto Protokolü'ne göre binaların, konutların enerji performansını artırma ilkesi var. Yani binalar daha az enerjiyle ısıtılıp soğutulabilmeli. Bununla ilgili çeşitli iklim koşullarına göre binalar nasıl yapılırsa daha yüksek enerji performansına sahip olur, bunlar hesaplanıyor. Bu o kadar önemli ki, bizim gelişmiş bilimle desteklenmiş bu modelleri Türkiye'ye getirmemiz lazım. Sektörümüz hızlı gelişen bir sektör ama henüz taşlar yerine oturmadı. Taşları yerine oturturken, bu sektördeki herkesin çok daha dikkatli, ticari menfaatlerden uzak olarak yeni yapılanan sektöre katkı sağlaması gerekiyor. Binaların enerji performansını yükseltecek şekilde katkıda bulunmamız gerekiyor."

"YALITIM SEFERBERLİĞİ BAŞLATTIK"

2003 yılında boya sektörüne sıfırdan girip lider olmaktan daha büyük heyecan veren sosyal sorumluluğu taşıyarak, bir yalıtım seferberliği başlattıklarının altını çizen Tayfun Küçükoğlu şu açıklamada bulundu: "Türkiye'nin geleceğini düşünüyorsak, enerji verimliliği konusunda hepimizin yapacağı çok fazla iş var. Bu anlamda biz de ne yapabileceğimizi düşündük. Alman ortağımız Avrupa'nın en büyük mantolama işini yapan, 'know-how' olarak da teknoloji olarak da Avrupa mevzuatlarını geliştirme

açısından öncülük yapmış bir firma. Avrupa'da mantolama 50 yıl önce başladı. Ülkemizde 2003 yılında daha yeni uygulamaya geçildi. Biz onlardan daha zengin değiliz ama onların ısınma ve soğutma için harcadığından 2 kat daha fazla para harcıyoruz. Daha niteliksiz ısınıyor ve çevremizi kirletiyoruz. Benim gönlümdeki en önemli sosyal sorumluluk projesi enerji verimliliğiyle ülkemize katkı sağlamak. Bu düşünceyle 2003 yılında mantolama işine başladık. Amacımız hem ülkemizdeki yalıtım pazarını bilinçlendirip büyütmek, hem de bu konuda Avrupa'nın en büyüğü olmaktı. Ve şükürler olsun ki 2013 yılı sonunda hem mantolama sektörü çok iyi bir duruma geldi, hem de biz Avrupa'da bu anlamda çok önemli bir konuma geldik."

Kimya sektörü ihracatı 2015'te 15,5 milyar dolar

Kimya sektörü dünya üzerinde yaşanan olumsuzluklara rağmen 2015 yılında 15,5 milyar dolar ihracat gerçekleştirdi. Kimya ihracatı bir önceki yıla göre değerde yüzde 13,28 azalırken, miktarda yüzde 12,59 artarak 17,3 milyon tona ulaştı. Böylece kimyacılar ülkemizde en fazla ihracat gerçekleştiren üçüncü sektörün mimarı oldular.

Ekonomik ve siyasi belirsizliklerin olumsuz etkisini yıl boyunca hisseden kimya ihracatçısı zorlu bir yılı geride bıraktı. 2015 yılını 15,5 milyar dolarlık ihracatla tamamlayan sektör, otomotivle hazır giyimin ardından üçüncü sırada yer aldı. Kimya ihracatı bir önceki yıla göre değerde yüzde 13,28 azalırken, miktarda yüzde 12,59 artarak 17,3 milyon tona ulaştı. Türkiye ekonomisinin lokomotifi kimya geçtiğimiz yıl en fazla ihracatı Mısır, Irak ve Almanya'ya gerçekleştirdi. Birleşik Arap Emirlikleri, İtalya, İran, İspanya, Suudi Arabistan, Yunanistan ve İngiltere ilk 10'da yer alan diğer ülkeler olarak sıralandı. Ülkelere daha yakından bakıldığında yıl genelinde Singapur'a yapılan ihracatın yüzde 245 oranında artarak, 178 milyon dolara ulaştığı görüldü. Bu dönemde Avrupa ülkelerine yapılan

2015'TE EN FAZLA İHRACAT YAPILAN ÜLKELER			
Ülke	Ocak-Aralık 2014 değer [$]	Ocak-Aralık 2015 değer [$]	Değişim değer [%]
Mısır	1.200.279.563,42	971.949.328,58	- 19,02
Irak	1.059.299.196,95	939.550.576,91	- 11,30
Almanya	891.621.581,04	795.113.312,15	- 10,82
BAE	630.357.357,99	733.026.405,42	16,29
İtalya	691.697.398,68	573.081.955,23	- 17,15
İran	626.089.603,31	512.728.233,42	-18,11
İspanya	542.695.029,67	509.946.449,95	- 6,03
S. Arabistan	376.622.901,77	491.756.646,98	30,57
Yunanistan	404.710.493,67	470.605.636,22	16,28
İngiltere	438.146.097,96	417.330.605,37	-4,75

ihracat yüzde 34, 8 oranında arttı ve toplam kimya ihracatının 4,9 milyar dolarlık kısmını oluşturdu. 2015 yılının son ayında özellikle Avrupa ülkelerine olan ihracatta dikkat çekici gelişmeler yaşandı. İlk üçte Mısır, Almanya ve İtalya yer alırken, bu ülkeleri Suudi Arabistan, Yunanistan, Irak, İran, ABD, Hollanda, Birleşik Arap Emirlikleri takip etti. Yunanistan önceki yılın aynı ayına göre yüzde 115 artış hızıyla öne çıkan ülkeler arasında yer aldı. Yunanistan'a yapılan ihracat 53 milyon dolara yükseldi. İtalya'ya yüzde 64, Hollanda'ya yüzde 63, Suudi Arabistan'a ihracatta yüzde 49 oranında artış yaşandı. Diğer yandan ABD'ye olan ihracat ise yüzde 41 arttı ve 45 milyon dolar olarak gerçekleşti. Singapur, aralık ayında da yüzde 581 ihracat artış hızıyla rekor kırdı.

"Türkiye'nin en fazla ihracat yapan üçüncü sektörü"

İstanbul Kimyevi Maddeler ve Mamulleri İhracatçıları Birliği (İKMİB) Yönetim Kurulu Başkanı Murat Akyüz, belirsizliklerin yıla damgasını vurduğunu ifade ederek 2015'i değerlendirdi: "2015 gerek ihracatçılarımız gerek sanayicilerimiz açısından kolay olmayan bir yıldı. Küresel ekonomideki yavaşlamanın olumsuz etkisini yıl boyunca hissettik. Miktar bazında ihracatımızdaki yükselişe karşın euro-dolar paritesinin etkisiyle değer bazında düşüşler yaşadık. Ancak, tüm bu yaşananlara rağmen kimya halen Türkiye'nin en fazla ihracat yapan üçüncü sektörü olmayı sürdürüyor."

Yeni pazarlar kimyacıları bekliyor

2016 yılında yine çok bilinmeyenli bir denklemle karşı karşıya kaldıklarını belirten Akyüz, "Bilinmeyenleri en aza indirmemiz gereken bir yıla girdik. Özellikle Irak, Mısır ve Rusya cephelerindeki gelişmeler bizi yakından ilgilendiriyor. Ortadoğu ve Çin sadece kimya değil, diğer sektörler için de tehdit oluşturuyor. Dış kaynaklı tüm olumsuzluklara rağmen hedef odaklı ihracat stratejimize devam ediyoruz. Güney Amerika, Sahra Altı Afrika, Uzakdoğu ve Asya gibi pazarlar yakın takibimizde. Türkiye olarak hiç ürün satmadığımız yerler var. Alt sektörler bazında potansiyelin yüksek olduğu ülkeleri araştırıyoruz. 2016 yılında da gerek fuarlar, gerekse ticaret heyetleriyle firmalarımızı bu ülkelerle buluşturmaya devam edeceğiz" dedi.

İKMİB Yönetim Kurulu Başkanı Murat Akyüz

Mal grubu	Ocak-aralık 2013 değer ($)	2014-2015 fark (%) değer	Ocak-aralık 2014 değer ($)	Ocak-aralık 2015 değer ($)
Gliserin, bitkisel mamuller, degra, yağlı maddeler	734.079	15,79	626.525	725.453
Mineral yakıtlar, mineral yağlar ve ürünler	5.209.647.121	-21,04	4.573.494.891	3.611.374.284
Anorganik kimyasallar	1.169.306.790	-6,97	1.247.513.157	1.160.559.337
Organik kimyasallar	597.887.522	-11,78	531.599.001	468.966.490
Eczacılık ürünleri	774.870.579	-5,28	870.034.072	824.089.185
Gübreler	133.126.730	-0,75	229.041.741	227.335.158
Boya, vernik, mürekkep ve müstahzarları	768.184.698	-11,65	777.061.021	686.527.924
Uçucu yağlar, kozmetikler	714.614.814	-9,33	776.329.707	703.909.398
Sabun ve yıkama müstahzarları	920.456.896	-14,44	1.020.594.063	873.178.779
Yapıştırıcılar, tutkallar, enzimler	196.661.109	-3,49	183.361.940	176.969.010
Barut, patlayıcı maddeler ve türevleri	7.468.721	37,14	7.359.580	10.092.676
Fotoğrafçılık ve sinemacılıkta kullanılan ürünler	26.298.745	-33,02	18.972.558	12.708.720
Muhtelif kimyasal maddeler	484.392.805	-4,89	510.761.759	485.764.812
Plastikler ve mamulleri	5.246.858.692	-10,88	5.727.769.213	5.104.633.242
Kauçuk, kauçuk eşya	1.240.304.772	-17,63	1.362.532.134	1.122.281.051
İşlenmiş amyant ve karışımları, mamulleri	240.457	4,37	266.869	278.523
GENEL TOPLAM:	**17.491.054.529**	**-13,28**	**17.837.318.230**	**15.469.394.039**

2015'TE KİMYA SEKTÖRÜ İHRACATI

PLASTİK SEKTÖRÜ OTOMOBİLLERİ UÇURACAK

Son 30 yılda Fransa, Almanya ve İtalya'da otomotivde plastik malzeme kullanımının 30 kat arttığına işaret eden PAGDER Yönetim Kurulu Başkanı Reha Gür, "Bu sayede bir otomobil 150 bin kilometrede 750 litre yakıt tasarruf ediyor. Bu da AB ölçeğinde yıllık 12 milyon ton yakıt demek. Araçlarda ağırlık azaltmak için yapılan her çalışma, plastik ve diğer polimer teknolojilerine odaklanmış durumda ve Türk plastik sektörü olarak dünyaya servis veriyoruz" dedi.

Dünya ölçeğinde küresel ısınmaya yönelik çabalar yoğunlaşırken, yoğun taşıt kullanılan ülkelerde toplam karbon salımının yüzde 77'sini oluşturan taşıtlar, dünyaca ünlü bir otomobil firmasının yaşadıklarıyla tekrar gündeme geldi. Konu hakkında açıklamalarda bulunan Plastik Sanayicileri Derneği (PAGDER) Yönetim Kurulu Başkanı Reha Gür, bütün dünyanın karbon salımını azaltmak ve yakıt tasarrufu sağlamak için otomobillerde plastik malzeme kullanımını artırmanın yollarını aradığını vurguladı. Böylece sağlanacak tasarrufun ölçüsü çok büyük olduğunu ifade eden Gür şöyle devam etti: "Akılcı davranan her ülke, başta otomobiller olmak üzere plastik malzemelerin kullanımını yaygınlaştırmak için elinden geleni yapıyor. Öyle ki, şu anda otomobillerin toplam ağırlığının yüzde 15'ine kadar kullanılan plastik malzemelerin oranının hızla artacağı ve 2020'li yıllardan itibaren otomotiv ürünlerinin ağırlığının düşerek, bugünkü ağırlığın yüzde 50'sine kadar gerileyeceği tahmin ediliyor. Plastiklerin üretimi sırasında muadillerine göre daha az karbon salımı gerçekleştiğini de hesapladığınızda sağlanacak avantaj çok daha büyük."

"TÜRK PLASTİK SEKTÖRÜ OLARAK HAZIRIZ"

Avrupa Birliği ve ABD'nin taşıt araçlarında karbon salımı kontrolüne yönelik standartlarını sıklaştırdıkça, otomotiv sektörünün odaklandığı konuların başında ağırlık azaltmanın geldiğini vurgulayan Reha Gür, şöyle devam etti: "Araçların ağırlığının azaltılmasını sağlayacak olan plastik malzemeler. Karbon salımını azaltacak diğer unsur ise daha verimli yanma. Ağırlık azaltmak için yapılan her çalışma, plastik ve diğer polimer teknolojilerine odaklanmış durumda. Bu konuda Türkiye plastik sektörü hazır ve tüm dünyaya servis veriyor. Gün yerli üretime de destek verebilmek için ülkemizde yerleşik otomobil üreticilerinin bizlerle daha sıkı ilişkide olması günü. Vakit kaybetmeden birlikte çalışmalı ve sektörlerin yaratacağı sinerjiden ülke olarak daha çok yararlanmalıyız."

Araçlarda kullanılan plastikler çevre dostu olarak daha az yakıt tüketimi sağlıyor. Geri dönüşüm özelliğiyle plastikler aynı zamanda ekonomik değerini uzun süre koruyor.

"Plastik kullanım oranı yüzde 50'lere ulaşacak"

Amerikan Kimya Kurulu'nun yayınladığı çalışmayı da hatırlatan Gür, halihazırda taşıt araçlarının ağırlığının yüzde 15'ine kadar olan kısmında plastik kullanıldığını anımsatarak, "Bunun kısa süre içinde önce yüzde 20'lere, 2020'li yıllardan itibaren de hızla artarak yüzde 50'lere ulaşacağı öngörülüyor. Bunun ana nedenlerinden biri plastik malzemelerin otomobilin şasisi dahil ana ağırlığını oluşturan parçalarının üretiminde kullanılmasına yönelik yapılan AR-GE çalışmalarının hızla sonuçlanmaya başlaması. Taşıtlara göre farklılıklar gösterse de, çağdaş araçlarda binden fazla plastik parça kullanılıyor. Otomobillerde yolcu bölümlerinin neredeyse tamamı plastik malzemelerden oluşuyor. Örneğin; otomobil koltuklarının dolgularının plastik esaslı köpüklerle yapılması her bir araç başına 10 kilogramdan fazla ağırlık azaltıyor" diye konuştu.

"Karbondioksit salımını da azaltıyor"

Otomotiv sektörünün her tür taşıtta plastik malzeme kullanmak için yoğun AR-GE ve inovasyon çalışmaları yürüttüğünün altını çizen Reha Gür, bu çabaların Türkiye içinde de yoğunlaştığını vurguladı. Gür, şunları kaydetti; "1,3-1,4 ton ağırlığında yoğunlaşan günümüz binek otomobilleri plastik malzemeler yerine muadilleriyle üretilmiş olsaydı, 300 kilogram daha ağır olacaktı. Bu malzemelerin yerine plastik kullanıldığı için, her 100 kilometrede yarım litre yakıt tasarrufu sağlanıyor. Esas iyi haber ise, araçların ağırlığının yüzde 20 azalması, kilometre başına 10-12 gram karbondioksit salımını da azaltıyor." Araçlarda geleneksel malzemelerin yerine daha çok plastiğin geçiyor olmasının getirdiği avantajlarına dikkat çeken Gür, "Plastik sadece araçların kullanımı esnasında doğaya saldıkları karbondioksidin azalmasını sağlamıyor, aynı zamanda üretilmeleri esnasında fabrikaların karbon salımlarına da olumlu etkileri bulunuyor. Her bir kilogramlık ilave plastik kullanımı sayesinde, her 5001 araç 'sıfır' karbon ayak iziyle üretiliyor. Çözüm aranıyorsa, plastik ve plastik teknolojileri en önemli çıkış yolu" dedi.

"Plastikle ilgili yanlış bir algı var"

Karbon salımı ve çevreye yönelik her türlü çabanın mutlaka plastik malzemelerin avantajından yararlanmayla sonuçlandığını ifade eden PAGDER Yönetim Kurulu Başkanı Reha Gür, "Çevreci yaklaşımlarda bilimsellikten uzak, hurafelere dayalı biçimde plastik malzemelere yönelik negatif tutum sergileniyor. Ancak her bilimsel veri, her çalışma dönüp dolaşıp plastiğin avantajını vurgulamaya başlıyor. Ortada basit bir gerçek var. Plastik malzemenin üretimi sırasında muadillerine göre daha az enerji ve su tüketilir, daha az karbon salınır. Plastik malzemeler hafif. Taşıma ve diğer işlemler için ağırlık demek, daha fazla enerji tüketimi anlamına geliyor. Dolayısıyla bu durum daha fazla karbon salımı demek. Plastik ürünlerin geri dönüşümü muadillerine göre çok çok daha ucuz. Defalarca geri dönüştürülebilir. Bu basit gerçekleri düşündüğünüzde, çevreci bir yaklaşım benimsemek istiyorsanız, plastik malzemeler kullanmalısınız ve en önemlisi bu ürünleri doğaya terk etmeden ya da çöpe atmadan kaynağında ayrıştırarak geri dönüşüme göndermelisiniz. Çağdaş bir dünyada en çevreci davranış bu" diye konuştu.

"Otomobilde plastik kullanımı 30 kat arttı"

Başta otomobil olmak üzere taşıtlarda plastik malzeme kullanımına yönelik bazı bilimsel çalışmaların sonuçları hakkında da açıklamalarda bulunan Gür, "Son 30 yılda Fransa, Almanya ve İtalya'da otomotivde plastik malzeme kullanımı 30 kat arttı. Plastik malzemeler mevcut kullanım seviyesinde 150 bin kilometrede 750 litre yakıt tasarrufu sağlıyor. AB ölçeğinde bu yıllık 12 milyon ton yakıt tasarrufu demek. Ağırlıktaki her yüzde 20 düşüş, diğer şartlar aynı kalması varsayımı altında, kilometre başına 10-12 gram daha az CO2 salımı sağlıyor. Otomotivde kullanılan plastiklerin yüzde 75'i geri kazanılabilir ürünler. Geri kazanılmış ürünler otomotiv plastiklerinde kullanılabiliyor. Bugünkü otomobillerin ağırlığı plastik malzemeler sayesinde gelecekte yarı yarıya azalacak" dedi.

PLASTİK YAKIT TASARRUFU SAĞLIYOR

Başta otomobil olmak üzere taşıtlarda plastik malzeme kullanımına yönelik bazı bilimsel çalışmaların sonuçları şöyle:
✓ Son 30 yılda Fransa, Almanya ve İtalya'da otomotivde plastik malzeme kullanımı 30 kat arttı.
✓ Plastik malzemeler mevcut kullanım seviyesinde 150 bin kilometrede 750 litre yakıt tasarrufu sağlıyor. AB ölçeğinde bu yıllık 12 milyon ton yakıt tasarrufu anlamına geliyor.
✓ Ağırlıktaki her yüzde 20 düşüş, diğer şartlar aynı kalması varsayımı altında kilometre başına 10-12 gram daha az CO2 salımı sağlar.
✓ Otomotivde kullanılan plastiklerin yüzde 75'i geri kazanılabilir ürünler. Geri kazanılmış ürünler otomotiv plastiklerinde kullanılabiliyor.
✓ Bugünkü otomobillerin ağırlığı plastik malzemeler sayesinde gelecekte yarı yarıya azalacak.

İHRACATI KATLAYACAK FORMÜL BU AMBALAJIN İÇİNDE

İhracattaki katma değeri ve firmaların rekabet gücünü artırmak amacıyla yapılan çalışmalar tasarımla çeşitleniyor. Dünya pazarlarına ihraç ürünlerin özgün ve yenilikçi ambalaj tasarımlarıyla sunulması amacıyla hayata geçirilen Plastik ve Metal Ambalaj Tasarım Yarışması'nın ikincisi düzenlendi. Plastik ve metal kategorilerinde profesyonel ve öğrenci olmak üzere dereceye girenler toplam 110 bin TL değerinde ödülün sahibi oldu.

stanbul Kimyevi Maddeler ve Mamulleri İhracatçıları Birliği (İKMİB) ve İstanbul Demir ve Demir Dışı Metaller İhracatçıları Birliği (İDDMİB) işbirliğiyle düzenlenen Plastik ve Metal Ambalaj Tasarım Yarışması'na her iki kategoride profesyonel ve öğrenci olmak üzere 201 başvuru yapıldı. Sektör yöneticileri, sanayiciler, tasarımcılar ve akademisyenlerden oluşan seçici kurul tarafından değerlendirilen başvurular arasından 17 tasarım finale kalmayı başardı. Heyecanın dorukta olduğu yarışmada dereceye girenler, Dış Ticaret Kompleksi'nde düzenlenen ödül töreninde açıklandı. Törene TİM Başkanı Mehmet Büyükekşi, İKMİB ve İDDMİB yönetim kurulu üyelerinin yanı sıra tasarımcılar, sektör temsilcileri, akademisyenler ve öğrenciler katıldı.

"Gençlere ve hayal gücüne inanıyoruz"

2. Plastik ve Metal Ambalaj Tasarım Yarışması Ödül Töreni'nde bir konuşma yapan Türkiye İhracatçılar Meclisi Başkanı Mehmet Büyükekşi, ihracatta katma değerin

artırılmasında tasarımın büyük önem taşıdığına dikkat çekerek şunları söyledi: "Gençlere ve hayal güçlerine inanıyoruz. Bu durum 2023 hedeflerimize ulaşabilmek için de önem taşıyor. Dünyada 'al-sat', 'yap-sat' devri bitti. Farklılık ve yenilik gerekiyor. Tüketicilerin ürün tercihlerinde ambalaj yüzde 60-65 gibi önemli bir rol oynuyor. 20 milyar dolar büyüklüğe sahip ambalaj sektörünün yaklaşık 4 milyar dolarlık ihracatını ve özellikle katma değerini artırmak için çalışmamız gerekiyor." Yarışmanın ambalaj sektörüne ve tasarım dünyasına büyük katkılar sağlayacağını dile getiren Büyükekşi, İnovasyon Haftası kapsamında yapılan çalışmalar hakkında da bilgi verdi.

Sektör dünyada 700 milyar dolar büyüklüğe sahip

Ürünleri korumak, taşımak yanında işlevsellik, estetik ve kimlik kazandıran ambalaj tüketici tercihlerinde en az ürün kadar belirleyici bir etken olarak dikkat çekiyor. Dünyadaki büyüklüğü 700 milyar doları bulan, ülkemizde ise 20 milyar dolarlık büyüklüğe ulaşan ambalaj sektörüne yeni tasarımcılar

kazandırmak ve firmaların tasarıma yatırım yapmalarını teşvik etmek amacını taşıyan Plastik ve Metal Ambalaj Tasarım Yarışması'nda bu yıl birbirinden yaratıcı fikirler ortaya konuldu. Profesyonel kategoride birincilere 15 bin TL, ikincilere 10 bin TL, üçüncülere 7 bin TL, mansiyon 4 bin TL ödül verildi. Öğrenci kategorisinde birincilere 7 bin TL, ikincilere 5 bin TL, üçüncülere 3 bin TL ve mansiyon 2 bin TL olmak üzere toplam 110 bin TL'yle kazananlar ödüllendirildi.

Birbirinden ilginç tasarımlar

Plastik ambalajda profesyonel kategorisinde Muharrem Şeyda, 'Phoenix' adını taşıyan ve geri dönüşüm için biriktirmeyi özendiren yağ ambalajı tasarımıyla, öğrenci kategorisinde Yusuf Çağlar, 'Light' isimli avize olarak da kullanılabilen lamba ambalajıyla birinci oldu. Metal ambalajda profesyonel kategorisinde birincilik ödülü pratik ve fonksiyonel tasarımıyla dikkati çeken kurabiye seti 'Baker' adlı tasarımıyla Umut Demirel'in olurken, öğrenci kategorisinde birinciliği çevrimeli mekanizması sayesinde ölçülü kahve almayı sağlayan, aynı zamanda metalik görüntüsüyle mutfaklara şıklık katan kahve ambalajı tasarımıyla Berk Kaplan göğüsledi.

"Tasarım ve markalaşmaya duyulan ihtiyaç artıyor"

Törenin açılışında konuşan İKMİB Yönetim Kurulu Üyesi ve Ambalaj Komitesi Temsilcisi Ömer Karadeniz, tasarım ve markalaşmaya duyulan ihtiyacın hızla arttığını belirterek, sürdürülebilir ihracatın rekabetçi kalabilmekten geçtiğini vurguladı. Karadeniz, "Özgün ve yenilikçi ürünleri, buna uygun özgün tasarımlarla dünya pazarlarına sunabildiğimiz ölçüde sürdürülebilir ihracat artışını sağlayabileceğimiz

inancındayız. Bu hedeflerle gerçekleştirdiğimiz ambalaj tasarım yarışmamız, sektöre yeni tasarımlar ve tasarımcılar kazandırmanın yanında, dereceye girenlere yepyeni bakış açıları ve yurt dışında eğitim imkanı da sunuyor" dedi.

"Projelerle tasarım ve inovasyon tohumu atmaya çalışıyoruz"

İDDMİB Yönetim Kurulu Başkan Yardımcısı Tahsin Öztiryaki ise düzenledikleri yarışmalar ve projelerle tasarım ve inovasyon tohumu atmaya çalıştıklarını, aynı zamanda bilginin ve yeni fikirlerin toplandığı bir ortam yarattıklarını vurguladı. Katma değerli ihracatı artırmak hedefiyle 11 yıldan bu yana tasarımı desteklediklerini söyleyen Tahsin Öztiryaki, "Bunun son örneği bu yıl ikincisi düzenlenen plastik ve metal alanında yaratıcı ambalaj tasarımlarını teşvik eden yarışmamız. Türkiye'nin 'ambalajlamaya' ihtiyacı olduğunu düşünüyoruz. Ambalaj, 20 milyar dolarlık çok büyük bir sektör. Gençlerin, öğrencilerin olduğu, yeni ve yaratıcı fikirlerin ortaya çıktığı bir yarışma ortamı yaratmak istedik. Bu konuda İKMİB ile güzel bir işbirliği içindeyiz" diye konuştu.

DÜNYADA VE TÜRKİYE'DE AMBALAJ SEKTÖRÜ

- Dünya ambalaj sektörünün büyüklüğü 700 milyar dolar
- AB ülkeleri arasında üçüncü sırada yer alan Türk ambalaj sektörü, yaklaşık 20 milyar dolarlık büyüklüğe sahip.
- Sektörde 3 bin firma faaliyet gösteriyor.
- Ambalaj sektörü 2014 yılında toplam 3,9 milyar dolarlık ihracat gerçekleştirdi.
- 2015'in ilk altı aylık ihracat/ithalat rakamlarına göre ambalaj sektörü dış ticarette 202,1 milyon dolarlık fazlaya ulaştı.
- 2015'in ilk altı ayında en fazla ihracat yapılan ilk 10 ülke şöyle sıralandı; Almanya, İngiltere, Irak, Fransa, İran, İsrail, İtalya, Hollanda, Azerbaycan ve Rusya
- İhracatta yüzde 69'luk oranla en fazla payı plastik ambalaj, yüzde 18'lik payla karton ambalaj ve yüzde 9'luk payla metal ambalaj takip ediyor.
- Sektörün 2023 yılı hedefi 30 milyar dolarlık büyüklük ve 10 milyar dolarlık ihracata ulaşmak.

KİŞİ BAŞINA DÜŞEN AMBALAJ TÜKETİM RAKAMLARI	
Dünya ortalaması	110 dolar
Türkiye	190 dolar
Avrupa ülkeleri	350 dolar
ABD	550 dolar
Japonya	600 dolar

TÜRK MEDİKAL SEKTÖRÜ
120 FİRMAYLA MEDICA FUARI'NDAYDI

Milyarlarca dolarlık büyüklüğe sahip dünya sağlık endüstrisinin bir numaralı buluşma noktası olan Medica 2015 Fuarı, 15-19 Kasım tarihlerinde Almanya'nın Düsseldorf şehrinde düzenlendi. Dünyanın en büyük medikal fuarı olarak kabul edilen organizasyonda, Türkiye 35'i İKMİB milli katılım olmak üzere toplam 120 firmayla temsil edildi.

stanbul Kimyevi Maddeler ve Mamulleri İhracatçıları Birliği (İKMİB), Türk medikal sektörünün uluslararası alanda tanıtılması ve ihracatın artırılması amacıyla çalışmalarını sürdürüyor. Dünyanın en büyük medikal fuarı olan ve 15-19 Kasım tarihlerinde düzenlenen Medica 2015'e, bu yıl yedinci kez milli katılım organizasyonu düzenleyen İKMİB, medikal gibi katma değeri yüksek ürünlerle kimya ihracatında sıçrama yaratacak. Almanya'nın Düsseldorf şehrinde düzenlenen Medica Fuarı'nda, 35'i İKMİB milli katılımıyla olmak üzere toplam 120 firma yer aldı. Türk firmaları tek kullanımlık medikal ürünler, tıbbi cihazlar, ortopedik gereçler, kişisel bakım ve sağlık ürünleri, hastane ekipmanları ve mobilyaların da aralarında olduğu farklı ürün gruplarını sergiledi. Sağlık alanında en yeni ürün ve hizmetlerin ilk kez tanıtıldığı etkinlik olarak da önem taşıyan Medica Fuarı, bu yıl 70 ülkeden yaklaşık 5 bin katılımcıyı ağırladı. Üretici ve ithalatçı firmaların yanı sıra hastane yöneticileri, doktorlar, satın almacılar gibi sektörün değişik kesimlerinden 140 bine yakın kişi fuarı ziyaret etti.

Fuarda yenilikler tanıtıldı

Medica Fuarı'nın, Türk medikal sektörünün dünyaya açılmasında önemli bir rol üstlendiğini belirten İstanbul Kimyevi Maddeler ve Mamulleri İhracatçıları Birliği (İKMİB) Yönetim Kurulu Başkanı Murat Akyüz, "Medica sadece Avrupa'nın değil, dünya sağlık ve medikal sektörlerinin bir araya geldiği, bu alandaki yeniliklerin ilk kez tanıtıldığı çok önemli bir etkinlik. Firmalarımız açısından burada olmak ciddi bir prestij anlamına geliyor. Medica'ya yedi yıldan bu yana firmalarımız katılıyor.

Fuarda rakipleri ve dünyadaki gelişmeleri yakından görmeleri, ihracatlarını artırmaları ve yeni bağlantılar yapmaları için uygun ortamı yaratmaya gayret ediyoruz. Milli katılımın her geçen yıl daha da artması ve firmalarımızın yoğun ilgisi bizim açımızdan memnuniyet verici" dedi.

2014'te 820 milyon dolarlık ihracat

Katma değer yaratma potansiyelinin yüksek olduğu medikal ürünler sektörünün dünyaya tanıtılması amacıyla fuarların yanı sıra, ticaret heyetlerine de ağırlık vereceklerini dile getiren Akyüz, medikal sektöründen 44 firmayla kurdukları Medikal Sektörü Yurt Dışı Pazarlama Takımı MediClusTR ile Güney Amerika ve Afrika pazarlarını hedeflediklerini söyledi. İKMİB Başkanı Murat Akyüz, 2014 yılında 820 milyon dolarlık ihracatın yapıldığı ve bu yılın 10 aylık döneminde 637 milyon dolarlık ihracatın gerçekleştiği medikalde, Avrupa referansının hedef ülke pazarlarında Türk firmaları açısından avantaj yarattığını da vurguladı.

SEKTÖR DENEYİMİNİ AFRİKA'YA TAŞIYACAK

Son 10 yılda ürün çeşitliliği ve kalite bakımından önemli bir ilerleme kaydeden Türk medikal sektörü, Avrupa'da kazandığı deneyimi Güney Amerika ve Afrika pazarlarına taşımayı hedefliyor. Kimyanın katma değeri en yüksek alt sektörleri arasında yer alan medikal ürünlerde, 2014 yılında 820 milyon dolarlık ihracat gerçekleşti. Sektörde yaklaşık 6 bin firma faaliyet gösteriyor.

SANAYİCİYLE TASARIMCI BİRLİKTE ÇALIŞTI, 17 PROTOTİP ÜRETİME HAZIR HALE GELDİ

Mutfakta artık genç fikirler var

Mutfak sektöründe başlatılan "Endüstriyel Tasarımda Toplam Kalite ve İnovasyon" ETKİ) projesi ilk meyvelerini verdi. İstanbul Kalkınma Ajansı'nın "2014 Yılı Yenilikçi İstanbul Mali Destek Programı" çerçevesinde başlatılan projeyle 17 yeni mezun tasarımcı, 17 firmayla eşleşerek, ilginç tasarımları gün yüzüne çıkardı.

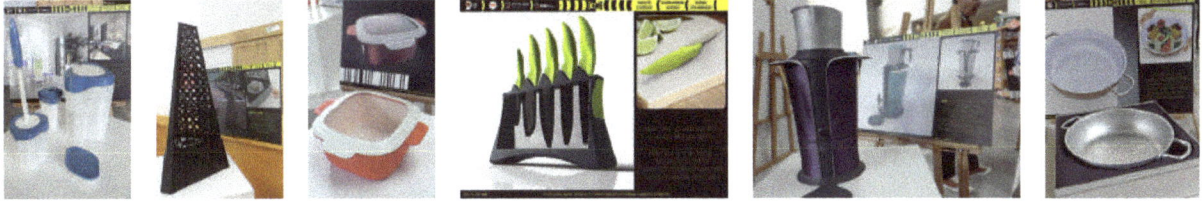

Profesyonel tasarımcıların da desteğiyle olgunlaşan fikirler, prototip haline getirildi.

stanbul Demir ve Demir Dışı Metaller İhracatçıları Birliği (İDDMİB) ve İstanbul Kimyevi Maddeler ve Mamulleri İhracatçıları Birliği (İKMİB) tarafından yürütülen proje kapsamında genç tasarımcıların fikirleri sanayiciyle buluşturuldu. Profesyonel tasarımcıların da desteğiyle olgunlaşan fikirler, prototip haline getirildi. Projenin kapanış toplantısında konuşan İDDMİB ve TİM Başkan Vekili Tahsin Öztiryaki, 17 projenin yüzde 80'inin üretileceğine inandığını söyledi.

İDDMİB ve TİM Başkan Vekili Tahsin Öztiryaki çok amaçlı çay tepsisinin ilgi çekeceğini vurguladı.

Projeler prototip haline getirildi

Tüm sektörlerde yıllardır tasarım yarışmaları düzenlendiğini fakat tasarımları sanayiciyle buluşturma sürecinin her zaman sıkıntılı olduğuna dikkat çeken Öztiryaki, "ETKİ projesiyle bu sıkıntıyı ortadan kaldırdık. Tasarımcı ve sanayici işin başında buluştu ve birlikte çalıştılar. Ortaya çıkan ürünler İMMİB Hızlı Prototipleme Merkezi'nde yapılan detaylı çalışmayla prototip haline getirildi. Bundan sonraki aşama, bu tasarımların üretilmesi ve ihraç edilmesi.

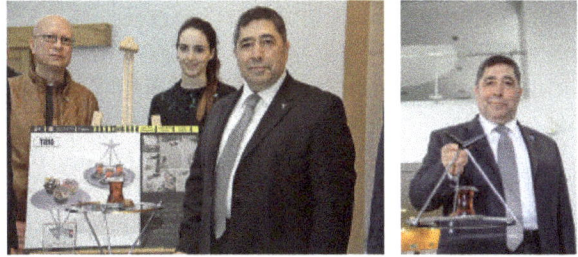

Bunu başardığımız zaman 500 milyar dolarlık ihracat hedefine katma değerli ürünlerle daha kolay ulaşabileceğiz" diye konuştu. Öztiryaki, ortaya çıkarılan prototiplerin 2016 yılında Almanya Frankfurt'ta düzenlenecek olan ve dünyanın mutfak sektöründe en önemli fuarı olan Ambiente'de sergileneceğini bildirdi. Toplantının ardından, mutfak sektöründe kullanılabilecek tasarımları üreten gençlerle destek veren firmalara birer plaket verildi.

RGS

Cem Şahin
Tuğçe Gizem Gürleroğlu
REACH Global Services S.A.

IUCLID 6 SÜRÜMÜ İÇİN ÖNGÖRÜLEN TARİH 2016 NİSAN AYININ SON HAFTASI

Dünya standartlarına uyum amacıyla REACH son kayıt dönemi 2018'in yaklaşmasıyla Avrupa Kimyasallar Ajansı'nın dışında (ECHA) endüstrinin önde gelen firmaları da çalışmalarını hızlandırdı. ECHA'nın REACH tüzüğü kapsamında, yeni IUCLID 6 sürümü için öngörülen tarih 2016 Nisan sonu olarak açıklanırken, REACH-IT için 2016 Mayıs ayının son haftası olduğu belirtildi.

REACH son kayıt dönemi 2018'in yaklaşmasıyla Avrupa Kimyasallar Ajansı (ECHA) ve endüstrinin öncü firmalarının çalışmalara hız verdiği görülüyor. 2015 Kasım ayı çeşitli seminer ve kongrelerle oldukça yoğun bir dönem olarak geçti. ECHA REACH tüzüğü kapsamında gelecekteki planlarını ve son dönemde yürüttükleri çalışmaları 4 Kasım 2015 tarihinde "Information Session on the New Registration Process" semineri kapsamında sundu. Seminerde yeni IUCLID ve REACH-IT sürümlerinin yayın tarihleri açıklandı. Yeni IUCLID 6 sürümü için öngörülen tarih 2016 Nisan ayının son haftası olarak açıklanırken, REACH-IT için tarihin 2016 Mayıs ayının son haftası olduğu belirtildi. Bu tarihler kesin olmamakla birlikte, olağanüstü bir durum görülmediği sürece geçerliliğini koruyacak. Yetkililer, IUCLID 6 sürümünde daha detaylı bilgilerin eklenebilmesi için çeşitli modifikasyonlar yaparak, maddelerin kullanım alanları hakkındaki bölümü ise geliştirmekte olduklarını açıkladılar. Yeni sistemle karmaşık maddeler için daha şeffaf bir veri organizasyonu oluşturulacağı da ayrıca ifade edildi. Yeni REACH-IT sürümüne ise kullanıcıya kolaylık sağlayacak çeşitli görsel düzenlemelerin entegre edildiği dile getirildi.

Dosya içeriği önemli

ECHA yetkilileri başvurusu yapılan ve yapılması planlanan REACH kayıt dosyalarında bilgi kalitesinin yükselmesini hedeflediklerini belirtti. Ek olarak, REACH kayıt dosyalarını geçmişte istedikleri kadar detaylı inceleyemediklerini fakat bundan sonraki süreçte bu konu üzerine daha çok yoğunlaşacaklarını açıkladılar. Konferansta ayrıca Almanya Federal Çevre Bakanlığı'nın öncülüğünde 2010 yılından beri yapılan başvurular arasından seçilen 1932 adet REACH kayıt dosyasının incelendiği ve dosyaların yüzde 58 gibi büyük bir çoğunluğunun uyumlu olmadığı belirtildi, dosya içeriğinin önemi vurgulandı. ECHA yetkilileri bireysel kayıt dosyası oluşturan firmaların bazı verileri müşterek kayıt dosyalarından yasal olmayan yollarla kopyalandığı sonucuna vardı. Bu ve benzer durumların önüne geçebilmek için ECHA tek madde tek kayıt (One Substance One Registration-OSOR) prensibini uygulayacak. Halihazırda kayıt işlemlerini tamamlamış olan tüm firmaların bu prensibe uygun hareket etmeleri isteniyor. OSOR prensibine göre her maddenin sadece bir REACH kaydına sahip olması planlanıyor. Bu sayede firmalar arasındaki sorumluluklar ve ücretin eşit olarak dağıtıldığı bir yapı oluşturulacak. Yapılan açıklamalara göre birden fazla müşterek kayıtlar da ilerleyen dönemlerde bir tane olacak şekilde düzenlenecek. Seminerde müşterek kayıtlarda maliyet bilgisinin yeteri kadar iyi aktarılmadığı ve bu konuda firmaların birbirleriyle daha aktif iletişimde bulunmalarının önemi dile getirildi. Avrupa Kimyasallar Ajansı kayıt direktörü C. Musset, yakın gelecekte ECHA internet sitesi üzerinde REACH (ön) kaydı yapılan tüm maddelerin daha detaylı bir bilgilendirilerek (Substance InfoCard) sunulacağını açıkladı.

The European REACH Congress'te birçok konuya yer verildi

Aynı ay içerisinde Düsseldorf'ta düzenlenen The European REACH Congress'te, kimya endüstrisinin ilgi ve endişelerinin üzerinde yoğunlaştığı pek çok konuya yer verildi. Uzman konuşmacıların katılımlarıyla etkin bir iletişim platformu olanağına ev sahipliği yapan kongrede endüstri, danışmanlar, yetkili otoriteler ve avukatlar bir araya geldi. ECHA'nın da katıldığı kongrede REACH izin süreci kongrede yer verilen ana başlıklardan biriydi. Bildiğiniz gibi süreç maddelerin CMR, PBT veya vPvB olarak sınıflandırılmasıyla başlayarak, bu özelliklere sahip maddelerin SVHC listesine alınmasıyla devam ediyor. İlerleyen dönemde ise aday listeye alınan maddeler izin listesi ek 14'e dahil edilebiliyor. Üreticiler izin listesine alınan maddeler için spesifik bir kullanım alanında izne başvurmadıkları veya ilgili maddenin muafiyet durumunun söz konusu olmaması halinde, maddeyi tek başına veya bir karışım içerisinde AB pazarına süremezler.

Kararlar güncel bir şekilde takip edilebilir

Süreç karmaşıklığı ve etkileriyle pek çok firmada yüksek oranda endişe oluşturuyor. Kongreye konuşmacı olarak katılan V. Soballa, sunumunda SVHC listesindeki maddeler için 2020 yılına kadar belirlenen hazırlıklardan (SVHC Roadmap 2020) bahsetti. İzin prosedürü, SVHC listesindeki maddelerin esaslı bir şekilde kontrol edilmesi ve dereceli olarak uygun alternatifleriyle yer değiştirmesini, bu süre zarfında ise EU iç pazarının iyi bir işleyişte tutulmasını hedef alıyor. REACH Authorisation sürecinin dünya üzerinde oldukça kendine has ve bu konuda edinilmiş tecrübenin sınırlı olduğu da bilinen bir gerçek. Public Activities Coordination Tool'u (PACT) kullanılarak ECHA ve üye ülke yetkili otoritelerinin maddeler hakkında aldıkları kararlar güncel bir şekilde takip edebilir. 163 maddenin aday gösterildiği günümüzde, izin süreci koşullarını sağlayamamaları halinde üreticilerin AB pazarından çekilmek zorunda kalacakları önemle hatırlatıldı.

Uzmanlardan bilgi alabilirsiniz

2018 kayıt sürecine hazırlık yapan KOBİ'leri bilgilendiren Dr. S. Niven, firmaları basit düşünmeye sevkediyor. Bu sefer liderliği küçük firmaların yapacağını dile getiren Niven, ortak paydada buluşan firmaların birlikte hareket etmesi gerektiğini vurguluyor, bugünlerde zamanlama ve planlamanın kritik olması sebebiyle, geçmiş çalışmalardan örnek alınması gerektiği hatırlatıyor. 2018 yılı kayıt döneminde yaklaşık 25 bin maddenin kayıt edilmesi bekleniyor. Kongrede ayrıca tedarik zincirinin etkileri, atık ve geri dönüşüm, REACH ile kozmetikler için hayvansal testlerin yasaklanması arasındaki arayüz gibi konulara da yer verildi. Önümüzdeki dönemlerde de yeni ve sadeleştirilmiş yayınlarla KOBİ'ler desteklenmeye devam edilecek. AB mevzuatlarına uyum sürecinizde REACH Global Services S.A. uzman danışmanlarından bilgi alabilirsiniz.

REACH Global Services S.A.
Brüksel: +32 (2) 234 77 78
İstanbul: +90 (212) 454 09 93
info@reach-gs.eu

KALICI ORGANİK KİRLETİCİLERE İLİŞKİN YÖNETMELİK TASLAĞI GÖRÜŞE SUNULDU

Türkiye, Stockholm Sözleşmesi ve CRLTAP/POP protokolü kapsamındaki yükümlülüklerini yerine getirmek üzere, kalıcı organik kirleticilere ilişkin 850/2004/EC sayılı Avrupa Birliği Tüzüğü'nü uyumlaştırarak mevzuat düzenleme yolunu seçti. Çevre ve Şehircilik Bakanlığı 'Kalıcı Organik Kirleticilere İlişkin Yönetmelik Taslağı' hazırlayarak görüşe sunuldu.

Kalıcı organik kirleticiler (KOK'lar–İngilizce: Persistent Organic Pollutants-POP) Türkiye'nin de imzaladığı uluslararası bir anlaşma olan Stockholm Sözleşmesi kapsamında yer alan toksik, doğada uzun yıllar birikme ve uzun mesafeler taşınabilme özelliklerine sahip zararlı kimyasallar. Sanayide de geniş bir çerçevede kullanılmış ya da kullanılan (bazen kasıtsız olarak üretilerek) atıklar da yer alıyor. Türkiye, Stockholm Sözleşmesi ve CRLTAP/POP protokolü kapsamındaki

yükümlülüklerini yerine getirmek amacıyla, kalıcı organik kirleticilere ilişkin 850/2004/EC sayılı Avrupa Birliği Tüzüğü'nü uyumlaştırarak mevzuat düzenleme yolunu seçti. Bu amaçla, Çevre ve Şehircilik Bakanlığı tarafından 'Kalıcı Organik Kirleticilere İlişkin Yönetmelik Taslağı' hazırlanarak görüşe sunuldu. Mevzuatın çıkması durumunda sanayicilerin yasaklama, kısıtlama ve salınım azaltma önlemlerine uymak, mevcut stok ve atıklarla ilgili bilgilerini kamu görevlileriyle paylaşmak gibi yükümlülükleri olacak.

TASLAK YÖNETMELİKTEKİ BAZI ÖNEMLİ MADDELER:

MADDE 5 (1) Ek-1'de listelenen maddelerin kendi halinde, karışım içinde ya da eşyaların bileşenleri olarak üretimi, piyasaya arzı, ithalatı ve kullanımı yasak olacak.
(2) Ek-2'de listelenen maddelerin kendi halinde, karışım içinde ya da eşyaların bileşenleri olarak üretimi, piyasaya arzı, ithalatı ve kullanımı ekte belirtilen şartlara göre kısıtlanacak.

MADDE 6 (1'inci) paragrafta, bilimsel AR-GE, referans standart, madde, karışım ve eşyalarda veya kasıtsız olarak eser miktarda olması durumunda yasaklama ve kısıtlamadan muaf olacak ama yine de yılda bir bildirime tabi.
(2) Yönetmeliğin yürürlüğe girdiği tarihte veya öncesinde üretilen eşyaların bileşeni olan maddeler için ilk altı ay yasaklama/kısıtlama muafiyeti bulunuyor.
Ek-1 veya ek-2'de yer alan maddenin yönetmeliğin yürürlüğe girdiği tarihte veya öncesinde kullanımda olan (eski) eşyaların bileşeni olması durumunda yasaklama/kısıtlamadan muaf olacak.

MADDE 7 ek-1 ve ek-2'de listeli (yasaklı ve kısıtlı) maddeler için 50 kilogramdan fazla stok sahibi, bakanlığa bu stokun niteliği ve boyutu hakkında yılda bir bilgi vermesi ve stokunu yönetmelik madde 9 kapsamında atık olarak yönetmesi gerekecek.

MADDE 8 gereği, bakanlık, yeni tesislere izin verirken ya da ek-3'te listelenen kimyasalların salımını yapan prosesleri kullanan mevcut tesislere ilişkin ek-3 bölüm 5'te yer alan tedbirleri dikkate alarak karar verecek.

MADDE 9 ek-4'te listelenen herhangi bir maddeden oluşan, bu maddeyi içeren veya bu maddeyle kirlenmiş atığın, en kısa sürede ek-5'in birinci bölümüne uygun olarak bertaraf edilmesi veya geri kazanılması gerekecek. Ek-4'te listelenen maddelerin geri kazanılması, geri dönüşümü, ıslah veya yeniden kullanımına yol açabilecek bertaraf veya geri kazanım işlemleri yasak olacak. Ancak aynı ekte yer alan konsantrasyon limitlerinin altında olması koşuluyla ilgili mevzuata uygun olarak bertaraf edilebilip/geri kazanılabilmesine izin verilecek. İstisnai durumlarda bakanlık, farklı muamele veya alternatif işlemlere onay verilebilecek.

TASLAK YÖNETMELİK EKLERİ:
Ek–1: Yasaklamaya tabi maddeler listesi
Ek–2: Kısıtlamaya tabi maddeler listesi. Ara kullanım veya

diğer tanımda belirli muafiyet koşulu da verildi.
Bölüm A: Sözleşme ve protokolde listelenen maddeler.
Bölüm B: Sadece protokolde listelenen maddeler.

Ek-3
Birinci bölüm: Emisyon azaltma hükümlerine tabi maddeler listesi.
İkinci bölüm: Birincil kaynak kategorileri.
Üçüncü bölüm: İkincil kaynak kategorileri.
Dördüncü bölüm: Tanımlar.
Beşinci bölüm: Mevcut en iyi teknikler ve en iyi çevresel uygulamalar hakkında genel kılavuz.

Ek-4: Madde 9'da belirlenen atık yönetimi hükümlerine tabi maddelerin listesi.

Ek -5: Atık yönetimi
Birinci bölüm: Madde 9 (2) kapsamında bertaraf ve geri kazanım.
İkinci bölüm: Madde 9 (4) (B)'nin geçerli olduğu atıklar ve işlemler.

Kalıcı organik kirleticilere ilişkin yönetmelik taslağının çıkarılmasıyla şu an 23 tane olan KOK kimyasallarına ilişkin eksik düzenlemelerin (diğer mevzuatların kapsamadığı, açıkta kalan alanların) yapılması planlanıyor. Yönetmelik taslağına, Çevre ve Şehircilik Bakanlığı'nın web sitesinden http://www.csb.gov.tr Çevre Yönetimi Genel Müdürlüğü sayfasında yer alan taslak mevzuatlar bölümünden ulaşabilirsiniz.

KOK STOKLARININ BERTARAFI VE SALIMLARININ AZALTILMASI PROJESİ

İnsan sağlığı ve çevreyi tehlikeli kimyasallardan kaynaklanabilecek zararlara karşı korumayı amaçlayan, Küresel Çevre Fonu (GEF) tarafından finanse edilen, BM Kalkınma Programı (UNDP) ve BM Sınai Kalkınma Teşkilatı (UNIDO) ile Çevre ve Şehircilik Bakanlığı'nın ortaklaşa yürüteceği 'KOK Stoklarının Bertarafı ve KOK Salımlarının Azaltılması Projesi'nin açılış çalıştayı 17 Kasım 2015 tarihinde Ankara Plaza Hotel'de yapıldı. Proje kapsamında mevcut KOK

stoklarının ve atıklarının ortadan kaldırılması, gelecekteki PCB stoklarının çevreyle uyumlu etkin yönetimi için planlama yapılması/kapasite geliştirilmesi, istenmeden üretilen KOK salınımlarının azaltılması, KOK'larla kontamine olmuş alanlar için yönetim kapasitesi oluşturulması, KOK'lar ve etkin bir kimyasallar yönetimi için kurumsal/düzenleyici kapasitenin güçlendirilmesi faaliyetleri gerçekleştirilecek.

REACH İLE İLGİLİ HABERLER YENİLİKLER VE UYGULAMALAR

● İzin listesindeki maddelere dikkat! ● Ajans yeni önerileri görüşe açtı
● Üye ülkeler oylarını veri paylaşımı tüzüğünden yana kullandı ● Eşyalarla ilgili
yükümlülüklere açıklık geldi ● REACH aday listeye beş yeni SVHC eklendi
● 2016 yılında yeni maddeler geliyor

İZİN LİSTESİNDEKİ MADDELERE DİKKAT!

REACH Tüzüğü İzne Tabi Maddeler Listesi'nde yer alan bir maddenin, listede belirtilen son kullanım tarihinden sonra "tek başına" veya "karışım" içinde AB'ye ihracatı yasaklandığından, bu tarihten sonra ihracata devam etmek için bir tercih yapılması gerekiyor.

REACH tüzüğünü uygulayan 31 Avrupa ülkesine ihracata yasal olarak devam etmek isteyen birlik dışı ülke sanayicilerinin önünde izleyebilecekleri birkaç yol var: İzne tabi maddenin (REACH tüzüğü ek XIV'üne alınan madde), yerine geçebilen uygun ikame maddeyle (ek XIV maddesinden daha az tehlikeli ve ekonomik) üretim, tedarik ve kullanıma yönelik ikame çalışmalarını ek XIV maddesinin son kullanma (sunset date) tarihinden önce tamamlanması gerekiyor. AB'deki müşterilerle iletişime geçerek, ek XIV maddesi için izin başvurusunda bulunup sorgulamaları ve ithalatçı firmalardan söz konusu maddenin AB pazarındaki hedeflenen kullanım izin başvurusunun kapsamına alınmasını talep ederek, ilgili kullanımların izin kapsamına alınacağının teyidini almaları ve bu kapsamda gerekli bilgileri ithalatçı firmalara sağlamaları önemli. Ek XIV maddesinin AB'de hedeflenen kullanımları için bu maddenin yerine geçebilen uygun bir alternatifin mevcut olması, ancak ikame çalışmasının ek XIV maddesinin son kullanım tarihine (sunset date) kadar yetişmemesi veya uygun bir ikamenin mevcut olmaması durumunda, ek XIV maddesinin hedeflenen kullanımları için Avrupa Kimyasallar Ajansı'na (AKA) izin başvurusunda bulunmaları (izin başvuruları AB'deki firma ya da atanan tek temsilci aracılığıyla bireysel veya ortak olarak yapılabilir. Ek XIV maddesini, bu maddenin AB'de hedeflenen kullanımları için daha önce Avrupa Komisyonu tarafından izin garantisi verilen bir tedarikçiden tedarik etmeleri zorunlu. İzin başvurusu planlanırken, izne tabi madde listesindeki (ek XIV) maddelerin daha güvenli madde/teknolojilerle aşamalı bir şekilde ikamesini öngören REACH tüzüğünün izin uygulaması kapsamında ek XIV maddesi için AB'deki spesifik kullanımlarına Avrupa Komisyonu tarafından verilen izinlerin, sadece belirli periyotlar için geçerli olduğu dikkate alınmalı.

AJANS, YENİ ÖNERİLERİ GÖRÜŞE AÇTI

Avrupa Kimyasallar Ajansı, REACH tüzüğü izin sürecinde aday listeden seçerek, önceliklendirdiği maddeleri, AB pazarından aşamalı olarak kaldırılması öngörülen izne tabi maddeler listesine (ek XIV) dahil etmek amacıyla kamunun ve üye ülke komitelerinin görüşünü aldıktan sonra, Avrupa Komisyonu'na onayına sunacak. Komisyon onayı sonrasında izne tabi maddeler listesine dahil edilen maddelerin belirli tarihler itibarıyla tek başına ve karışımlar içinde AB'ye ihracatı yasaklanacak. Bu doğrultuda, ajansın izne tabi maddeler listesine (ek XIV) dahil edilmesi amacıyla kamu görüşüne açtığı için aralarında üç önemli bor bileşiğinin de bulunduğu 11 yeni madde spesifik kullanım alanlarıyla yandaki tabloda veriliyor. Tablodaki maddelerin geçiş düzenlemeleri (AB pazarından yasaklanma ve son izin başvuru tarihler), alternatiflerin uygunluğu ve mevcudiyeti, izin muafiyeti kapsamına alınması önerilen kullanımlar (gerekçelerle birlikte), maddenin izne tabi olmasından

ÖNERİLEN 11 YENİ MADDE VE SPESİFİK KULLANIM ALANLARI

Madde adı	Spesifik kullanım
Dihexyl phthalate	PVC plastifiyanı
1,2-benzenedicarboxylic acid, dihexyl ester, branched and linear	
HHPA	Eposki reçineler için sertleştirici
MHHPA	
Trixylyl phosphate	Yağ, hidrolik akışkanlar ve plastik üretimi
Sodium perborate; perboric acid, sodium salt	Deterjan ve ağartma ürünleri
Sodium peroxometaborate	
Orange lead (lead tetraoxide)	Batarya, kauçuk üretimi, adsorbenler
Lead monoxide (lea doxide)	
Tetralead trioxide sulphate	
Pentalead tetraoxide sulphate	

kaynaklanabilen sosyo-ekonomik sonuçları hakkında webformlar aracılığıyla AKA veya Avrupa Komisyonu'na 18 Şubat 2016 tarihine kadar doğrudan görüş iletilebilir.

ÜYE ÜLKELER OYLARINI VERİ PAYLAŞIMI TÜZÜĞÜNDEN YANA KULLANDI

REACH tüzüğü kapsamında geliştirilen veri paylaşım sisteminin etkin olarak işlemesi için bilgi paylaşımı ve ilişkili maliyeti gerektiren durumlarda tarafların spesifik görev ve yükümlülüklerinine yönelik, henüz taslak halindeki komisyon tüzüğüyle ilgili çalışmalar devam ediyor.

1907/2006 sayılı REACH tüzüğü kapsamında geliştirilen veri paylaşım sisteminin etkin bir şekilde işlemesine yönelik bilgi paylaşımı ve ilişkili maliyeti gerektiren durumlarda tarafların spesifik görev ve yükümlülüklerini ortaya koyulmasını amaçlayan verilerin, ortak sunumu ve veri paylaşımının REACH tüzüğüne göre uygulanmasına ilişkin henüz taslak halindeki komisyon tüzüğüyle ilgili çalışmalar devam ediyor. Üye ülkelerdeki REACH komiteleri, 21-22 Ekim'de yaptıkları toplantıda daha önce CARACAL'da (REACH&CLP yetkili otoriteler) görüşülen verilerin ortak sunum ve paylaşımına dair önerilen tüzüğün uygulanmasından yana oy kullandı. Komite oylarının söz konusu tüzüğün, AB Resmi Gazetesi'nde yayımlanmasının önünü açtığı bildiriliyor. REACH kapsamında bazı veri paylaşımı anlaşmalarıyla ilgili şikayetlere, özellikle KOBİ'lere atıfta bulunmak ve aynı kaydın bir bölümünü teşkil eden madde aynılığıyla ilgili tüm bilginin sunulmasını sağlamak için hazırlanan yedi sayfalık tüzük taslağının, verilerin paylaşımı ve ortak sunumuna ilişkin ortaya koyduğu kurallar belirlendi.

ORTAK SUNUMA İLİŞKİN KURALLAR:

- Hem idari hem de kayıt dosyası için talep edilen gerekli bilgilerle ilgili maliyetler, yalnızca o bilgiyi kayıt amacıyla sunmakla yükümlü bulunan tarafla ilgili olması halinde maliyet paylaşımına açıklık getiriyor.
- Veri paylaşımı anlaşmaları, tüm maliyetleri net bir şekilde

açıklayacak ve tanımlayacak şekilde hazırlanmalı.
- Halihazırda bir anlaşmanın mevcut olduğu bir maddenin tamamlanmış çalışmasını araştıran potansiyel kayıt yapanlara, herhangi bir maliyetin detaylandırılmasını sorgulama hakkı veriyor.
- Bu modelin, ayrıca ECHA'nın potansiyel madde değerlendirme kararı sonucu, herhangi bir maliyetin paylaşım hükümlerini de içermesi gerekiyor.
- Tüzüğün yürürlüğe girmesinden sonra düzenlenen yeni anlaşmalara maliyet paylaşım modeli içerme şartı getiriyor. Bu modelin de her bir kayıt yapanın ödemesine ilişkin maliyetlerin olası düzenlemesine izin veren bir geri ödeme mekanizması öngörmesi gerekli.
- Eğer taraflar veri paylaşımı anlaşmasında bir model üzerine uzlaşma sağlayamazsa her bir taraf, katılımları için eşit oranda paylaştırılan maliyeti ödemeli.
- Mevcut anlaşmalara geri ödeme mekanizması eklenmesi gerektirmez. Fakat bu tür mevcut anlaşmalara dahil olmayı düşünen potansiyel kayıt yapanlara maliyet paylaşımı modelinde geri ödeme mekanizmasını dahil ettirme hakkı verir.
- Aynı kaydın bir parçası olarak, aynı maddenin kaydı için ayrı sunum yapanlar da dahil, bilginin bütün sunumlarını sağlayan ajansın rolüyle REACH tüzüğünün "tek madde için tek kayıt" prensibi desteklenir.

EŞYALARLA İLGİLİ YÜKÜMLÜLÜKLERE AÇIKLIK GELDİ

REACH tüzüğü kapsamında eşya içinde aday listedeki maddelerle (SVHC: Substance of Very High Concerned) ilgili bildirim (SIA) ve bilgi gerekliği yükümlülükleri özetlendi. Bu kapsamda bir SVHC eğer eşya içinde ağırlıkça yüzde 0,1'den fazla mevcut ve aynı zamanda eşyanın üreticisi ya da ithalatçısı başına yılda 1 tondan fazla ise REACH tüzüğü madde 7 (2) uyarınca AKA'ya bildirilmesi gerekiyor. Ayrıca bir SVHC eğer eşya içinde ağırlıkça yüzde 0,1'den fazla konsantrasyonda mevcut ise REACH tüzüğü madde 33'e göre eşyanın alıcılarına (distribütörler gibi) ve tüketicilere (talep halinde) bilgi (SVHC adı ve eşyadaki konsantrasyonu) iletilmeli. Avrupa Adalet Mahkemesi, birden fazla ve her biri "eşya" tanımını karşılayan bileşenlerden oluşan eşyalarda madde 33 ve madde 7 (2)'nin eşyanın bütününe mi (monte eşya) yoksa her bir bileşene mi uygulanması gerektiğine dair üye ülkeler arasında uzun bir süredir devam eden tartışmaya açıklık getirdi.

Üretici, ithalatçı ve distribütörlerin birbirinden ayrılan yükümlükleri var

Avrupa Adalet Mahkemesi bir eşyanın, üretim prosesini takiben atık halini almadığı ya da fonksiyonu için kimyasal kompozisyonundan daha belirleyici olan şekil, yüzey ya da tasarımını kaybetmediği sürece yine "eşya" olarak kaldığını, bu nedenle "eşya" tanımını karşılayan üretilmiş bir objenin, monte bir eşyayı oluşturmak üzere diğer objelerle monte edilmiş olsa veya birleştirilmiş halde olsa bile yine bir "eşya" olduğu yönünde karar kıldı. Mahkeme, "eşya" konseptine bağlı olarak eşya içindeki maddelerle ilgili eşya üreticisi, ithalatçısı ve distribütörlerin birbirinden ayrılan yükümlükler söz konusu.

REACH ADAY LİSTEYE
BEŞ YENİ SVHC EKLENDİ

AB'ye madde karışım ve eşyaların ihracatında müşteriye SVHC bilgisin (en azından SVHC adı ve ürün içinde ağırlıkça yüzdesi) verilmesini gerekli kılan REACH tüzüğünün yüksek önem arz eden maddelerin (SVHC) yer aldığı aday liste, 17 Aralık'ta beş yeni maddenin daha eklenmesiyle güncellendi. Aday listeye dahil edilen maddeler ve başlıca kullanım alanları tabloda görülebilir. Böylece toplam 168 yüksek önem arz eden maddenin (SVHC) yer aldığı güncel aday liste ve bu listedeki maddelerin tehlike özelliğine ilişkin destek belgelere Avrupa Kimyasallar Ajansı web sitesinden ulaşılabilir. Aday liste kapsamında yükümlülükleriniz hakkında bilgi almak için http://reach.immib.org.tr web sitesini ziyaret edebilirsiniz.

Madde adı, CAS no	Örnek kullanım alanları
1,3-propanesultone (1120-71-49)	Lityum iyon pillerin elektrolit akışlarında kullanılır.
2,4-di-tert-butyl-6-(5-chlorobenzotriazol-2-yl) phenol (UV-327) (3864-99-1)	Kaplama, plastik, kauçuk ve kozmetiklerde UV-koruma ajanı olarak kullanılır.
2-(2H-benzotriazol-2-yl)-4-(tert-butyl)-6-(sec-butyl) phenol (UV-350) (36437-37-3)	
Nitrobenzene (98-95-3)	Diğer maddelerin üretiminde kullanılır.
Perfluorononan-1-oic-acid and its sodium and ammonium salts (375-95-1; 21049-39-8; 4149-60-4)	Florlu polimer üretiminde (proses yardımcısı), yağlama yağı katkısı, yangın söndürücü, temizlik ürünleri, cila, su yalıtımı ve sıvı kristal ekran panellerinde kullanılır.

ⓘ

İMMİB REACH ve CLP Yardım Masası'na ulaşım için:
Adres: Çobançeşme Mevkii Sanayi Cad. Dış Ticaret Kompleksi A Blok 4.Kat Yenibosna-Bahçelievler / İstanbul
REACH sorularınız için: 0212.454.09.19
http://reach.immib.org.tr
CLP ve Biyosidal sorularınız için: 0.212.454.06.33
http://clp.immib.org.tr ve http://biyosidal.immib.org.tr
e-posta: reach@immib.org.tr / ab@immib.org.tr

2016 YILINDA YENİ MADDELER GELİYOR

REACH tüzüğünün izin süreci yüksek önem arz eden (SVHC) aday listesinden izne tabi maddeler listesine (ek XIV) dahil edilen maddelerin Avrupa Birliği (AB) pazarından aşamalı olarak kaldırılmasını öngörülüyor. İzne tabi maddeler listesindeki (ek XIV) maddelerin listede belirtilen son kullanım tarihinden sonra (sunset date) yıllık ihracat hacminden bağımsız olarak izin onayı (AB pazarındaki spesifik kullanımları için) alınmaksızın AB'deki üreticiler, ithalatçılar ve alt kullanıcılar tarafından piyasaya arzları yasak. Avrupa Kimyasallar Ajansı, izne tabi maddeler listesine (Ek XIV) dahil edilmesi amacıyla kamu görüşünü de alarak aday listeden seçerek, önceliklendirdiği yüksek önem arz eden maddelere (SVHC) ilişkin tavsiye listesini her yıl Avrupa Komisyonu'nun onayına sunuyor. İzne tabi madde listesi (ek XIV), komisyon onayından sonra, listeye yeni maddeleri dahil eden komisyon tüzükleriyle güncelleniyor. İzne tabi madde listesine dahil edilmesi için ajansın 6 Şubat 2014 ve 1 Temmuz 2015 tarihlerinde komisyon onayına sunduğu maddelerden oluşan tavsiyelerine (V ve VI) ilişkin tüzüğün 2016 başlarında yayımlanması bekleniyor. Aralarında ülkemiz ihracatı için önem taşıyan dört bor türevinin de yer aldığı komisyona iletilen tavsiye listesinin (borik asit, disodyum tetraborat, susuz, di bor tri oksit, tetrabor disodyum heptaoksit, hidrat), geçen yıl henüz önceliklendirme aşamasındayken görüşe açıldığı resmi yazı, anketler, bülten ve haberler kanalıyla İKMİB Yardım Masası tarafından duyurulmuştu.

İKMİB
OCAK-KASIM
2013-2015
KİMYA İHRACATI
KARŞILAŞTIRMALI
RAPORU

İKMİB *İstanbul Chemicals and Chemical Products Exporters' Association*

İstanbul Kimyevi Maddeler ve Mamülleri İhracatçıları Birliği

Dış Ticaret Kompleksi - A Blok
Çobançeşme Mevkii, Sanayi Cad. 34197
Yenibosna - Bahçeliever / İstanbul
Tel: +90 212 454 00 00 • Fax: +90 212 454 00 01
www.immib.org.tr • immib@immib.org.tr

MAL GRUBU İHRACAT RAPORU (TÜRKİYE GENELİ - KÜMÜLATİF)

MAL GRUBU	OCAK-KASIM 2013 DEĞER (FOB-USD)	2013-2014 % FARK DEĞER	OCAK-KASIM 2014 DEĞER (FOB-USD)	OCAK-KASIM 2015 DEĞER (FOB-USD)
GLİSERİN, BİTKİSEL MAMULLER, YAĞLI MADDELER	518,065	15.88	560,892	649,937
MİNERAL YAKITLAR, MİNERAL YAĞLAR VE ÜRÜNLER	4,288,988,178	-21.46	3,820,015,339	3,000,366,689
ANORGANİK KİMYASALLAR	947,894,601	-8.17	1,046,208,213	960,772,234
ORGANİK KİMYASALLAR	473,685,025	16.44	460,460,720	384,755,165
ECZACILIK ÜRÜNLERİ	615,392,137	1.88	702,636,410	689,455,118
GÜBRELER	114,355,174	3.91	188,092,212	180,734,795
BOYA, VERNİK, MÜREKKEP VE MÜSTAHZARLARI	635,014,951	-10.62	650,398,422	581,323,454
UÇUCU YAĞLAR, KOZMETİKLER	580,918,908	-8.90	641,111,425	584,039,060
SABUN VE YIKAMA MÜSTAHZARLARI	762,810,646	-13.58	845,973,670	731,089,390
YAPIŞTIRICILAR, TUTKALLAR, ENZİMLER	162,857,260	-6.29	152,298,953	142,713,978
BARUT, PATLAYICI MADDELER VE TÜREVLERİ	5,967,719	31.52	5,855,337	7,701,031
FOT. VE SİNEMACILIKTA KULLANILAN ÜRÜNLER	22,046,489	-36.44	16,262,632	10,336,654
MUHTELİF KİMYASAL MADDELER	407,027,605	-3.70	426,070,744	410,314,368
PLASTİKLER VE MAMULLERİ	4,284,629,797	-11.36	4,813,170,022	4,266,255,650
KAUÇUK, KAUÇUK EŞYA	1,017,979,959	-18.14	1,159,749,286	949,371,005
İŞLENMİŞ AMYANT VE KARIŞIMLARI MAMULLERİ	196,480	10.22	237,770	262,062
GENEL TOPLAM:	14,320,282,993	-13.59	14,929,102,048	12,900,140,591

KİMYA SEKTÖRÜ ÜLKE PERFORMANS RAPORU (TÜRKİYE GENELİ - İLK 20)

S.NO	ÜLKE	OCAK-KASIM 2014 DEĞER (USD)	OCAK-KASIM 2015 DEĞER (USD)	% DEĞİŞİM DEĞER (USD)
1	IRAK	853,200,130.69	798,706,215.86	-6.39
2	MISIR	963,552,170.60	792,431,620.21	-17.76
3	ALMANYA	753,759,208.60	663,951,224.65	-11.91
4	BİRLEŞİK ARAP EMİRLİKLERİ	530,092,073.45	633,783,433.74	19.56
5	İTALYA	596,245,078.42	461,041,754.82	-22.68
6	İRAN İSLAM CUMHURİYETİ	514,876,098.20	426,287,752.24	-17.21
7	İSPANYA	431,647,738.86	412,335,621.39	-4.47
8	SUUDİ ARABİSTAN	323,717,088.60	394,701,894.58	21.93
9	YUNANİSTAN	355,642,800.48	370,183,349.68	4.09
10	AZERBAYCAN-NAHCIVAN	456,137,962.95	356,993,430.62	-21.74
11	RUSYA FEDERASYONU	531,518,548.42	347,227,346.19	-34.67
12	İNGİLTERE	372,208,050.33	329,921,078.46	-11.36
13	AMERİKA BİRLEŞİK DEVLETLERİ	385,749,363.22	321,442,592.32	-16.67
14	ROMANYA	337,070,358.39	298,428,995.49	-11.46
15	MALTA	665,948,487.81	292,164,477.52	-56.13
16	FRANSA	304,858,632.51	280,080,272.92	-8.13
17	ÇİN HALK CUMHURİYETİ	314,969,252.70	277,561,974.55	-11.88
18	HOLLANDA	265,476,274.36	271,999,225.39	2.46
19	İSRAİL	252,084,923.03	252,643,638.36	0.22
20	BULGARİSTAN	292,137,446.99	237,234,325.93	-18.79

KİMYA SEKTÖRÜ MAL GRUBU ÜLKE RAPORU (TÜRKİYE GENELİ)

MAL GRUBU/ÜLKE	OCAK-KASIM 2013 DEĞER (USD)	OCAK-KASIM 2015 DEĞER (USD)	% DEĞİŞİM DEĞER (USD)
MİNERAL YAKITLAR, MİNERAL YAĞLAR VE ÜRÜNLER			
MISIR	667,012,275.85	520,345,082.28	-21.99
BİRLEŞİK ARAP EMİRLİKLERİ	583,979,115.08	889,943,349.34	-22.60
MALTA	655,290,864.37	283,503,974.78	-56.71
YUNANİSTAN	412,508,755.05	416,612,626.66	-3.74
SUUDİ ARABİSTAN	153,261,791.43	210,105,197.54	37.09
ANORGANİK KİMYASALLAR			
ÇİN HALK CUMHURİYETİ	227,338,814.76	104,232,738.76	-1.52
İTALYA	78,594,808.85	70,418,484.90	-10.53
AMERİKA BİRLEŞİK DEVLETLERİ	65,390,349.83	69,080,887.13	5.08
MISIR	68,976,066.14	61,002,397.14	-11.56
İSPANYA	64,136,291.67	60,007,287.83	6.44
ORGANİK KİMYASALLAR			
İTALYA	134,789,458.13	80,577,649.51	-40.32
AMERİKA BİRLEŞİK DEVLETLERİ	56,507,724.61	65,246,923.37	15.47
İSPANYA	26,243,553.93	32,596,440.65	24.37
YUNANİSTAN	11,900,515.76	29,333,721.45	146.92
ROMANYA	5,224,587.22	16,153,150.13	209.35
ECZACILIK ÜRÜNLERİ			
GÜNEY KORE CUMHURİYETİ	71,800,421.56	3,428,042.65	-1.53
ALMANYA	65,023,589.85	5,899,975.16	-16.06
GÜBRELER			
ROMANYA	33,802,848.97	29,649,800.45	-12.39
İTALYA	16,863,954.88	9,207,593.50	-32.45
FRANSA	27,263,815.26	15,646,818.42	-42.61
YUNANİSTAN	14,797,051.83	13,631,160.96	-9.11
ŞİLİ	33,837.22	1,096,384.93	2,509.88
BOYA, VERNİK, MÜREKKEP VE MÜSTAHZARLARI			
İRAN İSLAM CUMHURİYETİ	55,611,133.87	49,546,000.58	-10.90
IRAK	53,160,912.37	48,095,972.42	-9.53
AZERBAYCAN-NAHÇIVAN	43,889,879.80	36,864,503.88	-16.01
RUSYA FEDERASYONU	40,007,803.04	33,800,131.06	-15.52
ÇİN HALK CUMHURİYETİ	28,187,163.43	30,973,031.38	9.88
UÇUCU YAĞLAR, KOZMETİKLER			
IRAK	87,366,071.94	89,139,979.20	2.03
İRAN İSLAM CUMHURİYETİ	35,117,792.27	47,453,489.62	33.18
FRANSA	27,203,949.08	26,179,137.89	-3.76
ALMANYA	24,623,110.01	23,256,386.43	-5.55
SUUDİ ARABİSTAN	22,080,704.24	23,090,286.21	4.57
SABUN VE YIKAMA MÜSTAHZARLARI			
IRAK	130,020,827.57	120,739,666.98	-7.14
AZERBAYCAN-NAHÇIVAN	66,850,463.08	60,095,013.55	-10.11
BİRLEŞİK ARAP EMİRLİKLERİ	44,975,507.03	44,725,547.05	-0.56
RUSYA FEDERASYONU	62,982,587.94	41,119,022.96	-34.09
GÜRCİSTAN	33,066,740.88	37,954,591.39	-0.34
FOTOĞRAFÇILIK VE SİNEMACILIKTA KULLANILAN ÜRÜNLER			
AZERBAYCAN-NAHÇIVAN	1,303,058.45	1,182,906.42	-9.22
İRAN İSLAM CUMHURİYETİ	2,691,486.55	1,044,824.81	-61.18
KUZEY KIBRIS TÜRK CUMHURİYETİ	1,208,907.23	921,553.26	-23.77
ALMANYA	644,852.16	904,849.47	4.09
IRAK	1,040,407.78	730,027.87	-29.83
MUHTELİF KİMYASAL MADDELER			
İRAN İSLAM CUMHURİYETİ	30,796,177.71	28,921,892.00	6.09
IRAK	23,622,104.88	27,201,012.60	15.15
AZERBAYCAN-NAHÇIVAN	31,527,578.17	21,028,444.80	-33.14
MISIR	20,402,833.19	20,497,080.33	0.46
RUSYA FEDERASYONU	28,486,019.61	20,153,258.52	-29.25
PLASTİKLER VE MAMULLERİ			
IRAK	353,973,136.49	309,910,146.91	-7.68
ALMANYA	311,852,725.33	283,190,221.92	-9.51
İNGİLTERE	202,789,378.17	189,840,993.13	-2.53
İRAN İSLAM CUMHURİYETİ	213,327,688.31	165,934,085.11	-22.09
İTALYA	187,316,978.61	164,918,605.34	-11.96
KAUÇUK, KAUÇUK EŞYA			
ALMANYA	275,959,889.58	227,809,557.85	-17.41
AMERİKA BİRLEŞİK DEVLETLERİ	75,495,902.69	57,742,749.57	-23.52
BULGARİSTAN	85,017,768.85	50,891,022.59	-38.41
İTALYA	59,547,505.16	50,663,233.40	-15.76
İSPANYA	47,217,162.14	41,176,509.92	-12.40

KİMYA SEKTÖRÜ ÜLKE GRUBU ÜLKE RAPORU (TÜRKİYE GENELİ)

MAL GRUBU/ÜLKE	OCAK-KASIM 2014 DEĞER (USD)	OCAK-KASIM 2015 DEĞER (USD)	% DEĞİŞİM DEĞER (USD)
AVRUPA BİRLİĞİ	DEĞER (USD)	DEĞER (USD)	DEĞER (USD)
ALMANYA	753,759,208.60	663,951,224.65	-11.91
İTALYA	596,245,078.42	461,041,754.82	-22.68
İSPANYA	431,647,738.86	412,335,621.39	-4.47
YUNANİSTAN	355,642,800.48	370,183,349.68	4.09
İNGİLTERE	372,208,050.33	329,921,078.46	-11.36
DİĞER AVRUPA			
AZERBAYCAN-NAHÇIVAN	456,137,962.95	356,993,430.62	-21.74
RUSYA FEDERASYONU	531,518,548.42	347,227,346.19	-34.67
GÜRCİSTAN	250,577,746.70	194,049,793.78	-22.56
TÜRKMENİSTAN	193,977,551.90	157,570,463.44	-18.77
ÖZBEKİSTAN	149,804,993.58	127,125,339.18	-15.14
KUZEY AFRİKA			
MISIR	963,352,170.60	792,431,620.21	-17.76
LİBYA	199,975,354.83	169,074,798.61	-15.45
CEZAYİR	157,368,905.78	138,342,970.74	-12.09
TUNUS	95,852,808.93	131,453,397.80	37.14
FAS	96,931,177.86	91,966,064.10	-5.12
BATI AFRİKA			
NİJERYA	63,995,964.42	39,612,782.82	-38.10
GANA	19,690,272.58	21,064,425.15	6.98
SENEGAL	24,201,857.26	15,234,357.26	-37.05
FİLDİŞİ SAHİLİ	9,653,041.10	9,565,787.59	-0.90
KAMERUN	8,303,512.52	6,392,430.72	-23.02
ORTA DOĞU VE GÜNEY AFRİKA			
GÜNEY AFRİKA CUMHURİYETİ	115,992,964.31	88,370,627.60	-23.81
NAMİBYA	3,471,539.59	39,830,439.53	1,047.34
ETİYOPYA	26,627,133.82	24,993,656.45	-6.13
KENYA	13,082,108.45	18,200,603.95	39.13
TANZANYA BİRLEŞİK CUMHURİYETİ	11,155,367.70	11,267,699.18	1.01
ORTA VE GÜNEY AMERİKA			
BREZİLYA	44,156,018.47	38,749,952.22	-12.24
ŞİLİ	18,825,996.00	30,647,502.53	62.79
MEKSİKA	14,182,796.61	21,503,664.69	51.62
KOLOMBİYA	15,695,135.10	14,926,554.27	-4.90
ARJANTİN	10,784,736.79	13,681,664.68	26.86
YAKIN ORTA DOĞU ASYA			
IRAK	853,200,130.69	798,706,215.86	-6.39
BİRLEŞİK ARAP EMİRLİKLERİ	530,092,073.45	633,783,433.74	19.56
İRAN İSLAM CUMHURİYETİ	514,876,098.20	426,287,752.24	-17.21
SUUDİ ARABİSTAN	323,717,088.60	394,701,894.58	21.93
İSRAİL	252,084,923.03	252,643,638.36	0.22
DİĞER ASYA ÜLKELERİ			
ÇİN HALK CUMHURİYETİ	314,969,252.70	277,561,974.55	-11.88
SİNGAPUR	45,473,135.52	159,328,892.91	250.38
GÜNEY KORE CUMHURİYETİ	100,907,268.87	118,822,958.13	17.75
HİNDİSTAN	87,828,047.74	67,155,979.89	-23.54
PAKİSTAN	39,502,950.88	46,927,243.28	18.79

Copyright © 2016 IKMIB

This magazine may be ordered through booksellers or by contacting

iBooExport
"Reach the World "

Istanbul Office	London Office
EGS Business Park	3rd Floor
B2 Blok No: 12 D.01	86-90 Paul Street
Yesilkoy, Bakirkoy,	London
İstanbul 34149	EC2A 4NE
Turkey	United Kingdom
t: +90 850 460 1 064	t: +44 20 3828 7097

info@ibooexport.com II www.ibooexport.com

ISBN

978-1-947144-66-8 (sc)
978-1-947144-67-5 (e)

We care about the environment. This paper used in this publication is both acid-free and totally chlorine-free (TCF). It meets the minimum requirements of ANSI/NISO z39.48-1992 (r 1997)

Printed in the USA

www.ingramcontent.com/pod-product-compliance
Lightning Source LLC
Chambersburg PA
CBHW052348210326
41597CB00037B/6298